# Les serpents de la Martinique

Isolde Raisch

# Les serpents
# de la Martinique

Ernst Klett Sprachen
Stuttgart

1. Auflage       1  5 4 3 2  |  2016  15  14  13

Redaktion: Sylvie Cloeren, Michèle Périgault
Annotationen: Pascal Thomas-Javid
Layoutkonzeption: Elmar Feuerbach
Gestaltung und Satz: Eva Mokhlis, Swabianmedia Stuttgart
Umschlaggestaltung: Elmar Feuerbach
Titelbild: shutterstock (Antony McAulay), New York, NY
Druck und Bindung: AZ Druck und Datentechnik GmbH, Kempten
Printed in Germany

ISBN 978-3-12-591428-5

# Table des matières

## Préface

Chères lectrices, chers lecteurs,

Le livre que vous avez en mains fait partie d'une collection qui va vous permettre de
- vous divertir grâce à la lecture d'une histoire policière. Laissez-vous prendre par le suspense et le récit !
- découvrir le petit morceau de France qu'est la Martinique. Partez en voyage dans une île peut-être encore inconnue !
- perfectionner votre maîtrise du français tant à l'écrit (grâce à cette lecture) qu'à l'oral (à l'aide du fichier audio. Vous trouverez le code d'accès page 93). Laissez-vous bercer par la musique des mots !

Chaque lecteur étant différent, nous ne sommes pas en mesure de vous donner la recette « miracle » pour entrer dans le récit. Nous pouvons cependant vous proposer quelques conseils qui devraient vous être d'une grande aide.

- N'ouvrez pas votre dictionnaire, et, surtout, n'essayez pas de traduire chaque mot. Faites appel à votre intuition, à votre langue maternelle et aux langues étrangères que vous connaissez.
- Vous comprendrez l'histoire en la plaçant dans son contexte. Le contenu d'un chapitre éclaire le suivant. N'allez pas, dans un premier temps, dans le détail : préférez la compréhension globale de l'énigme que nous vous proposons. Vos connaissances de la langue française sont suffisantes pour vous permettre de saisir l'essentiel. Et puis, les mots posant réellement un problème sont annotés en bas de page.

– Essayez de visualiser ce que vous lisez. Un livre, ce n'est pas une suite de mots imprimés. Entrez dans la lecture. Imaginez les personnages. Représentez-vous leur façon d'être, le cadre dans lequel ils évoluent. Bref ! Faites-vous un film de l'action !
Prenez quelques minutes pour regarder les photos de la Martinique. Elles vous aideront à ressentir l'atmosphère dans laquelle l'histoire se déroule.

– Vous trouverez des activités, en fin de livre, qui vous permettront de vérifier que vous avez bien compris l'histoire.
– Et, si vous n'arrivez toujours pas à voir ces activités comme un jeu, dites-vous qu'elles vous aideront à analyser, interpréter ou commenter votre livre.

Considérez votre livre comme un ami qui vous accompagnera un petit moment et qui vous aidera à développer votre esprit critique ! Partez à sa découverte !

Maintenant, assez parlé : Place à la lecture !

MARTINIQUE — SAINT-PIERR
5 Mai 1902 — Coulée de lave
Destruction de l'Usine Guérin

# 1 Les serpents sont de retour

Le 8 mai 1902 à 8 h, une terrible explosion fait trembler le Mont Pelé en Martinique. Sous la pression des gaz, une partie de la paroi explose et le volcan se met à cracher d'énormes blocs de
5   pierre et des cendres à environ 2000° C. Des maisons s'écroulent et en quelques secondes, un voile de cendres mortel recouvre la ville. Après cette catastrophe naturelle, la baie et la capitale du monde créole, appelée le « Petit Paris » des Antilles, n'existent plus.

Anne Vernier, une jeune fille de 16 ans est arrivée de France
10   métropolitaine il y a trois mois avec ses parents. Elle va au lycée à Fort-de-France et a un job de vacances au petit musée volcanolo-

■ Den QR-Code für den Hörtext findet ihr auf Seite 93.

1 **un serpent** Schlange – 1 **être de retour** ≠ partir – 2 **terrible** horrible – 2 **trembler** beben – 3 **un mont** une montagne – 3 **une pression** Druck – 4 **une paroi** le mur d'une montagne – 4 **se mettre à faire qc** commencer à faire qc – 5 **une pierre** Stein – 5 **les cendres** *fpl* ce qui reste après un feu (Asche) – 5 **environ** ≠ exactement – 5 **s'écrouler** tomber – 6 **un voile** *ici:* un nuage – 6 **mortel, le** qui tue – 6 **recouvrir** bedecken – 7 **naturel, le** → nature – 7 **une baie** Bucht – 9 **la France métropolitaine** la partie de la France qui est en Europe – 11 **volcanologique** → volcan

gique, rue Victor-Hugo à Saint-Pierre. Quand il n'y a pas de touristes au musée, elle lit les articles dans les journaux de l'époque et regarde avec beaucoup d'intérêt les photos et les objets exposés au musée : des baguettes et des spaghettis carbonisés, des verres,
5 des bouteilles et des couverts bizarrement déformés. Et puis, ces clous, ces ciseaux et autres objets ménagers qui ressemblent à des sculptures surréalistes et toutes ces montres qui se sont arrêtées à l'heure de l'éruption volcanique, quel spectacle macabre !

Elle vient de lire que la catastrophe de 1902 avait fait plus de 30 000
10 morts et cet épisode de la vie de l'île la trouble beaucoup.
Tout à coup, la grande horloge sonne cinq coups. Anne sursaute.
« Comment est-ce qu'une horloge a pu me faire si peur ? pense-t-elle. Elle n'a pas sonné aujourd'hui plus fort qu'hier… »

Lentement, elle va vers la petite table à l'entrée du musée.
15 Aujourd'hui, elle a vendu trente-trois billets. Pas mal pour le premier jour où elle a travaillé toute seule ! Tout à coup, elle comprend pourquoi elle est si troublée : Simone, sa voisine à Morne-Vert qui venait d'avoir 33 ans, est morte pendant qu'elle travaillait dans son jardin. Un serpent l'a mordue ! Est-ce que sur cette île qui est si
20 belle, il ne se passe que des histoires horribles qui se terminent par la mort ?
On dit que le serpent qui a mordu Simone était une « lance de fer ». C'est un serpent très venimeux environ long de deux mètres qui se cache normalement sur les versants du Mont Pelé.
25 – Hé, Anne, tu rêves ? Il est 5 heures, dit Félix qui vient d'entrer dans l'unique salle du musée.

---

3 **un intérêt** ce que l'on sent quand on est intéressé par qc – 3 **exposé, e** montré – 4 **carbonisé, e** l'état dans lequel est qc ou qn qu'on a laissé trop longtemps dans le feu (verkohlt) – 5 **les couverts** *mpl* les instruments que l'on prend pour manger – 5 **déformé, e** qui n'a plus sa forme normale – 6 **un clou** Nagel – 6 **des ciseaux** *mpl* un instrument fait pour couper (Schere) – 6 **un objet ménager** Haushaltgerät – 6 **ressembler à qc** avoir l'air de qc – 7 **une montre** un objet qui montre l'heure qu'il est (Uhr) – 8 **une éruption volcanique** quand un volcan se réveille – 8 **un spectacle** *ici:* Anblick – 10 **un épisode** *ici:* un moment – 10 **troubler** ≠ faire devenir calme (beun-ruhigen) – 11 **une horloge** un objet qui montre l'heure qu'il est et que l'on met au mur – 11 **un coup** *ici:* une fois – 11 **sursauter** *ici:* aufschrecken – 14 **lentement** d'une façon (Art und Weise) qui n'est pas rapide – 19 **mordre** beißen – 20 **se terminer** se finir – 22 **une lance** Lanze – 22 **le fer** Eisen – 23 **venimeux, -euse** toxique – 24 **un versant** le côté d'une montagne

Félix, c'est son copain de classe. Comme toujours, il rigole et lui donne une grande tape sur l'épaule pour la saluer.

– Si tu veux venir faire de la plongée avec moi, il faut te dépêcher. Mais qu'est-ce que tu as ? Ça ne va pas ? demande-t-il et il lui fait
5   la bise.

– Ben… euh… ça me fait tout drôle d'être seule ici. Il y a encore une semaine, Simone et moi, on travaillait ensemble au musée. J'ai beaucoup appris avec elle. Et maintenant…

Félix finit la phrase de sa copine.

10 – … c'est toi qui es là. Et tu as la chance d'avoir un job de vacances super, non ? Tu peux gagner un peu d'argent pour faire des choses qui te plaisent, comme par exemple de la plongée avec moi. Alors prends la caisse et n'oublie pas de fermer la porte à clé. Tous ces documents et objets exposés, ça fait peur aux âmes sensibles.

15 – Et peut-être aussi aux garçons qui se sentent supérieurs aux filles qui viennent de la métropole parce qu'ils ont passé toute leur vie à Saint-Pierre. Quel macho ! réplique Anne.

– Tu en sais des choses toi, la Parisienne, sur les garçons de l'île. Allez, viens, on va ensemble à la mairie déposer l'argent, on ne
20   sait jamais qui on peut rencontrer en chemin. Et puis, tu ne peux pas passer à la vitesse supérieure ? Il va faire bientôt nuit si…

2 La sirène stridente d'une ambulance couvre la fin de sa phrase.

– Encore un accident, dit Anne et elle secoue la tête. Un serpent qui a peut-être attaqué un habitant de l'île.

25 – Anne, arrête de dire des bêtises. En ville, il n'y a pas de serpents, répond Félix.

– Mais Simone…

– Quoi, Simone ? Elle habitait à Morne-Vert et pas à Saint-Pierre.

– Moi aussi, j'habite à Morne-Vert, dit Anne. Et M. Levert, le
30   collègue de papa, on ne l'a pas pris au sérieux quand, un matin, il a découvert un serpent sous sa voiture et puis…

2 **une tape** un petit coup amical avec la main – 2 **une épaule** Schulter – 3 **la plongée** l'activité où l'on se promène sous l'eau avec des *réservoirs d'air* (Luftbehälter) – 3 **se dépêcher** faire vite – 13 **fermer à clé** abschließen – 14 **une âme sensible** une personne qui est très sensible – 15 **supérieur, e** meilleur – 17 **répliquer** répondre – 19 **une mairie** un hôtel de ville – 19 **déposer** donner, laisser – 20 **en chemin** pendant le voyage – 21 **passer à la vitesse supérieure** *fam* se dépêcher – 22 **strident, e** schrill – 22 **couvrir** *ici*: ne pas laisser entendre – 23 **secouer la tête** bouger la tête de droite à gauche pour dire non ou montrer que l'on n'aime pas qc – 24 **un habitant** → habiter – 30 **prendre au sérieux** croire

–  C'est le hasard, dit Félix énervé.

–  Bon, bon, je te crois. Tu as raison. Comme d'habitude, tu connais tout sur TON île. Mais moi, j'ai peur des serpents et surtout de cette « lance de fer ». Pourquoi il a ce nom bizarre, ce serpent ?

5  –  Tu es bien sûre que tu veux entendre mon explication ? Ma chère Anne, ce serpent a ce nom parce qu'il a une tête triangulaire qui ressemble à une lance.

Anne frissonne. Les serpents la dégoûtent.

–  Beurk…

*Bothrops Atrox / La lance de fer*

10  –  Je continue. Autrefois, le serpent, c'était « le mauvais esprit » des plantations de canne à sucre. Il faisait du mal aux gens qui y travaillaient. Mais aujourd'hui, il n'y a presque plus de serpents sur l'île. Et le peu qui reste vit au sommet du Mont Pelé. On peut parler d'autre chose ?

15  La conversation semble devenir de plus en plus désagréable pour Félix.

2 **avoir raison** dire qc qui est vrai, qui est correct – 2 **comme d'habitude** comme toujours –
6 **triangulaire** qui a trois côtés comme un *triangle* (Dreieck) – 8 **frissonner** trembler – 8 **dégoûter**
anekeln – 10 **autrefois** il y a longtemps – 10 **un mauvais esprit** böser Geist – 11 **une plantation**
Plantage – 11 **la canne à sucre** la *plante* (Pflanze) avec laquelle on fait le sucre – 13 **au sommet** en
haut – 15 **sembler** avoir l'air – 15 **désagréable** qui ne plaît pas

– Félix, tu as lu les articles de journaux qui sont au musée ? reprend Anne un moment après.

– Lesquels ? Tu peux préciser ta pensée ?

– Eh bien, ceux qui parlent des serpents, bien sûr.

5 – Non, et de plus, je ne suis allé au musée qu'une seule fois, avec Mme Moreau, notre prof. C'était marrant. Mes potes et moi, on s'est bien amusés.

Anne regarde son copain sans comprendre.

– Tu t'es amusé, toi ? Comment est-ce que tu peux dire une chose
10 pareille ?

– Eh bien, tout ça est peut-être intéressant pour les touristes et les biologistes comme ton père, mais pour nous...

Furieuse, Anne fait quelques pas en avant. Elle hurle.

– Je te déteste quand tu parles comme ça. Je sais, je sais, on vient de
15 la métropole, mais on n'est pas des idiots, quand même ! Qu'est-ce que tu peux être bête, parfois !

– Alors, raconte. Qu'est-ce qu'on écrit dans ces articles ? demande Félix l'air faussement intéressé.

– Rien. De toute façon, tu ne comprends rien, répond Anne.

20 – Allez, arrête de te faire prier. Raconte.


Finalement Anne continue :

– Quelques jours avant la catastrophe de 1902, les serpents ont quitté la montagne et sont descendus dans la vallée. On les a trouvés aussi en ville. On dit que plus de cinquante personnes
25 sont mortes à cause de leurs morsures.

Anne regarde vers le Mont Pelé dont le sommet est comme toujours caché derrière de gros nuages.

– Et maintenant, ils redescendent dans la ville. Simone, M. Levert...

30 – Allez, ça suffit. Tu arrêtes de dire des bêtises ? Ton père ne te l'a peut-être pas dit, mais le Mont Pelé est surveillé 24 h sur 24. Le

---

1 **reprendre** *ici:* continuer à parler après une pause – 3 **préciser sa pensée** expliquer ce que l'on veut dire de façon plus exacte – 6 **marrant, e** *fam* drôle, qui amuse – 9 **une chose pareille** so etwas – 13 **furieux, -euse** en colère – 13 **faire quelques pas en avant** marcher sur une très petite *distance* (Entfernung) – 13 **hurler** crier très fort – 18 **faussement** ≠ vraiment – 20 **se faire prier** attendre avant de faire qc que qn le demande – 30 **ça suffit !** c'est assez ! – 31 **surveillé, e** überwacht

volcan n'entre pas en activité comme ça, tout d'un coup ! Et on n'annonce pas d'éruption non plus dans les prochains mois. Tu es une vraie poule mouillée !

Anne n'a plus envie de discuter. Elle marche à côté de Félix sans rien dire.

Les deux jeunes se disputent de temps en temps mais ils sont très amis depuis le jour où Anne est arrivée au lycée. En plus de l'amitié qui les lie, ils ont des intérêts communs : la plongée sous-marine et l'amour de la nature.

Le père d'Anne, un biologiste renommé, est venu en Martinique avec sa femme et sa fille Anne pour deux ans. Il travaille sur un projet qui doit protéger ce qui reste de la forêt vierge et combattre une utilisation criminelle des sols. Pour ce travail en France d'outre-mer, il reçoit un salaire important, une prime d'éloignement et un

---

1 **entrer en activité** pour un volcan: se réveiller – 2 **prochain, e** suivant – 3 **une poule mouillée** *fam* une personne qui a toujours peur – 6 **de temps en temps** pas toujours – 7 **une amitié** → ami – 8 **lier** verbinden – 8 **un intérêt commun** une chose ou une activité qui intéresse plusieurs personnes – 10 **renommé, e** connu – 12 **protéger** ≠ attaquer – 12 **la forêt vierge** Urwald – 12 **combattre** se battre contre – 13 **une utilisation** Nutzung – 13 **un sol** Boden – 13 **la France d'outre-mer** ≠ la France métropolitaine – 14 **un salaire** l'argent que l'on gagne en travaillant – 14 **une prime d'éloignement** de l'argent que l'on reçoit parce que l'on travaille loin de chez soi

supplément vacances. La mère d'Anne est infirmière à Fort-de France. Quand elle ne travaille pas, elle adore prendre son temps pour faire ses courses.

Madame Vernier aime acheter pour sa petite famille des fruits, des

5 légumes et des épices de la Martinique. Sur les marchés très riches en couleurs et en senteurs de l'île, elle trouve non seulement tous les produits exotiques des Caraïbes mais aussi beaucoup de produits français. Bien sûr, le prix des marchandises importées est assez élevé, mais quelquefois, quand on est loin du pays, on se fait un

10 petit plaisir et on achète quelque chose qui vient de la métropole.

1 **un supplément** qc en plus – 1 **une infirmière** la personne dans un hôpital qui s'occupe des malades (Krankenschwester) – 6 **une senteur** ce qu'on peut sentir avec le nez – 7 **un produit** *ici:* qc qui a été fait et que l'on peut acheter ou vendre (Produkt) – 8 **une marchandise** un produit – 9 **élevé, e** *ici:* cher – 9 **se faire un petit plaisir** s'acheter qc dont on a envie

*Saint-Pierre*

# 2 Les secrets de la mer

Anne et Félix sont vite partis de la mairie et ils continuent leur marche vers le port. Ils ont encore le temps de faire de la plongée avant la tombée de la nuit. C'est Félix qui interrompt le silence.

5 — Ah tiens, voilà Jean. Dépêche-toi un peu, tu vois bien qu'il nous attend.

— Oui, et alors ? dit Anne qui boude toujours.

— Hé, Jean, ça va ? crie Félix.

— Comme toujours. Rien d'extraordinaire. Il n'y a pas beaucoup de
10 touristes en ce moment. Tenez, voilà votre bateau. L'équipement est dedans.

Tout à coup, Anne s'arrête.

— Zut, j'ai oublié mon portable au musée. Tout ça parce que tu m'as demandé de me dépêcher.

4 **interrompre le silence** commencer à parler – 7 **bouder** ne pas être content – 10 **un équipement** Ausrüstung

**15**

–  Pas de panique ! Personne ne va te voler ce vieux machin ! En
   plus, j'ai le mien qui est super moderne.
–  Bluffeur, répond Anne fâchée.
–  Arrêtez de vous disputer tous les deux et dépêchez-vous ! **Dans**
5  **une heure, il fait nuit**, dit Jean.
   Ils enfilent rapidement leur combinaison de plongée, mettent
   tous les ustensiles nécessaires à bord, montent dans le bateau et
   démarrent.
–  **Amusez-vous bien**, leur dit Jean en les saluant de la main.

10 À l'heure de l'éruption, le 8 mai 1902, il y avait environ quarante
   bateaux dans le port de Saint-Pierre. Ils n'ont eu aucune chance
   d'échapper à la catastrophe : tous ont brûlé et coulé dans la mer
   bouillante. Sauf un, le *Roddam*, un navire britannique ancré un
   peu plus au large qui a quand même subi de lourdes pertes parmi
15 l'équipage.

   Aujourd'hui encore, quelques épaves se trouvent au fond de la mer.
   C'est une attraction formidable pour les plongeurs.
–  Hé Félix, où est-ce que tu vas ? demande Anne.
–  Changement de programme. C'est une surprise, répond Félix
20 avec un sourire mystérieux.
   Quelques minutes plus tard, il attache le bateau à une balise.
–  À cet endroit, il y a des coraux magnifiques. Tu vas voir.
–  Oh super ! s'écrie Anne enthousiasmée.

---

1 **un machin** *fam* une chose – 3 **fâché, e** ≠ content – 6 **enfiler** *ici*: mettre – 6 **une combinaison de plongée** Taucheranzug – 7 **un ustensile** un instrument – 7 **nécessaire** dont on a besoin – 8 **démarrer** *ici*: commencer à faire marcher un moteur – 11 **aucun, e** ≠ tout – 12 **échapper** ne pas être pris, ne pas être attrapé – 12 **brûler** brennen – 12 **couler** *pour un bateau*: aller et rester sous l'eau (sinken) – 13 **bouillant, e** kochend – 13 **un navire** un bateau – 13 **britannique** anglais – 13 **ancré, e** verankert – 14 **au large de** *pour un bateau*: pas loin de – 14 **subir** erleiden – 14 **une lourde perte** *ici*: avoir beaucoup de gens qui meurent – 14 **parmi** dans – 15 **un équipage** les personnes qui travaillent sur un bateau – 16 **une épave** la ruine d'un bateau – 17 **une attraction** qc qui fait venir les touristes – 17 **un plongeur** une personne qui fait de la plongée – 19 **un changement de programme** quand on fait autre chose que ce que l'on avait dit qu'on allait faire – 21 **une balise** un signal qui montre la route à suivre (Boje) – 22 **un corail, des coraux** Koralle

Ils décident alors de mettre les palmes, la ceinture de plomb et le masque. Ils vérifient la bouteille d'oxygène et se laissent tomber dans l'eau. Bientôt, ils ne sentent plus les vagues et pénètrent de plus en plus dans le monde féerique des mers tropicales. Partout
5 il y a des coraux qui ressemblent à des cactus, à des colonnes ou à des éventails filigranes. Fascinée par cette beauté, Anne glisse dans l'eau à côté de Félix. Elle admire les éponges de couleurs variées et les anémones de mer violettes, bleues ou rouges ! Félix et elle passent près d'un banc de poissons aux couleurs magnifiques et
10 croisent quelques méduses presque transparentes.

1 **décider** choisir – 1 **une palme** Schwimmflosse – 1 **une ceinture de plomb** une *ceinture* (Gürtel) très lourde avec laquelle on peut rester sous l'eau – 2 **vérifier** regarder si tout est correct – 2 **une bouteille d'oxygène** un réservoir d'air avec lequel on peut rester longtemps sous l'eau – 3 **une vague** Welle – 3 **pénétrer** entrer – 4 **féérique** märchenhaft – 5 **une colonne** Säule – 6 **un éventail** Fächer – 6 **une beauté** → beau – 6 **glisser** passer – 7 **admirer** regarder en aimant beaucoup ce que l'on voit – 7 **une éponge** Schwamm – 7 **varié, e** ≠ monotone – 9 **un banc de poissons** un groupe de poissons – 9 **magnifique** très beau – 9 **croiser** rencontrer – 10 **une méduse** Qualle – 10 **transparent, e** qui laisse passer la lumière

Tout à coup, Anne voit une grande ombre sombre qui passe sur le
sable clair. Un requin ? Des requins devant les côtes de la Martinique ?
Impossible ! Son cœur commence à battre très fort. Les yeux grands
ouverts, elle regarde autour d'elle. Elle ne voit plus son copain. Il
5   y a un moment, il était encore là, à côté d'elle. Normalement, elle
sait qu'elle peut compter sur lui quand ils plongent ensemble. Elle
se demande si elle doit prendre la fuite. Puis elle se raisonne, elle
doit observer les règles de plongée si elle ne veut pas prendre de
risques : pas de mouvements rapides, pas de panique. Tout à coup,
10  elle s'immobilise… encore une ombre ! Et puis, encore une autre !…
Horrifiée, elle ferme les yeux. Elle sent « quelque chose » qui nage
au-dessus d'elle. Et ce « quelque chose » saisit son épaule, la secoue.
Anne reste immobile, la peur la paralyse. Il ne se passe rien et elle
se calme. Lentement, elle ouvre les yeux et voit le visage amusé de

---

1 **une ombre** Schatten – 1 **sombre** *ici*: noir – 2 **clair, e** ≠ sombre – 2 **un requin** Hai – 3 **impossible**
≠ possible – 4 **autour de qn** um jdn herum – 7 **prendre la fuite** partir pour éviter un danger – 7 **se
raisonner** sich zusammennehmen – 8 **observer** *ici*: suivre, respecter – 8 **une règle** une loi – 9 **un
mouvement** ce que l'on fait quand on bouge (Bewegung) – 10 **s'immobiliser** arrêter de bouger –
11 **horrifié, e** qui a très peur – 11 **nager** schwimmen – 12 **saisir** attraper, prendre – 12 **secouer** bouger –
13 **paralyser qn** ne plus laisser bouger qn – 14 **se calmer** devenir calme

Félix qui lève la main pour lui montrer quelque chose. Un groupe de dauphins les accompagne et disparaît dans les profondeurs de la mer. Anne se moque un peu d'elle-même :

« Pourquoi est-ce que, depuis que j'habite sur l'île, j'ai si souvent peur ? »

5 Félix vérifie l'heure à sa montre de plongée et fait signe à Anne de le suivre.

Entre-temps, la lumière du jour est devenue plus faible et ils allument leurs lampes. Le spectacle qui s'offre à eux fait frissonner Anne.

10 Partout il y a des carcasses de bateaux qui ont coulé, la plupart sont rongées par la mer et couvertes d'algues, de coquillages et de coraux. Des langoustes et des poissons se sont installés à l'intérieur. Lentement, Anne et Félix glissent près de ces témoins malheureux de l'éruption volcanique. Anne regarde à l'intérieur d'un des

15 bateaux coulés et elle est saisie d'horreur. Son regard se pose sur un squelette qui porte encore un foulard sur la tête et une large ceinture où sont fixés un sabre et un poignard. Le squelette serre dans ses bras décharnés un coffre ouvert où il y a un tas de pièces d'or.

20 « Mais, c'est un pirate ! pense-t-elle. Avons-nous découvert le squelette d'un pirate et un trésor inconnu ? Est-ce possible que tout ça soit resté ici pendant si longtemps ? »

Anne regarde Félix, mais celui-ci ne semble pas s'intéresser à tout cela. Au contraire, il lui fait signe que la réserve d'oxygène arrive à

25 sa fin. Il est temps de remonter.

Pendant quelques secondes encore, Anne regarde fixement le squelette, puis elle suit Félix qui l'attend avec impatience. Comme

---

2 **disparaître** partir – 2 **les profondeurs** *fpl ici:* in der Weite des Meeres – 6 **vérifier** voir, contrôler – 6 **faire signe** dire qc en faisant des gestes – 8 **entre-temps** pendant ce temps – 8 **faible** ≠ fort – 8 **allumer** ≠ éteindre – 9 **s'offrir à qn** *ici:* être vu par qn – 9 **frissonner** trembler – 10 **une carcasse** un squelette, une structure – 10 **la plupart** presque (fast) tous – 11 **rongé, e** zerfressen – 11 **couvert, e** recouvert – 12 **s'installer** se mettre – 12 **à l'intérieur** dans – 13 **un témoin** qn qui a vu qc se passer – 15 **être saisi, e d'horreur** être horrifié – 16 **un foulard** un tissu que l'on peut porter sur la tête ou autour de la gorge (Tuch) – 17 **un sabre** Säbel – 17 **un poignard** Dolch – 17 **serrer** umklammern – 18 **décharné, e** ≠ gros – 18 **un coffre** Truhe – 18 **un tas** Haufen – 18 **une pièce d'or** une *monnaie* (Münze) faite dans un métal jaune qui vaut très cher (Goldmünze) – 21 **inconnu, e** ≠ connu – 25 **remonter** *ici:* ressortir de l'eau – 26 **fixement** sans bouger les yeux – 27 **une impatience** le fait d'avoir des problèmes à attendre qc ou qn

attirée par une force magique, elle se retourne encore une fois et voit un mât où pend un pavillon à la tête de mort tout déchiré. Anne s'éloigne très vite. Encore un spectacle d'horreur !

**4** Les deux jeunes commencent à remonter. Après de longues minutes,
5 Anne est soulagée, elle aperçoit à la surface les contours de leur bateau. Félix tire à bord sa copine complètement épuisée par toutes ces émotions.

– Eh bien, qu'est-ce qui t'est arrivé ? demande-t-il étonné.

– Le pirate… je… je veux dire… le squelette, le pavillon à tête de
10 mort, tu ne l'as pas vu ? dit Anne qui n'arrive pas à cacher son émotion.

Félix ricane et continue d'une voix sinistre :

– Dès que le soleil a disparu à l'horizon, l'être terrible quitte les profondeurs de la mer et sa tombe et attrape les petites filles de
15 la métropole de ses mains aux os maigres.

Félix joue le rôle du pirate sanguinaire et attrape Anne par les épaules.

– Iiiiiiih, s'écrie Anne qui essaie de se libérer de l'étreinte de Félix.

– Ben oui, les Antilles étaient autrefois le berceau de la piraterie, dit
20 Félix. Tu ne sais pas que mes potes les pirates, avec leur foulard rouge, leur bandeau noir sur l'œil, leur jambe de bois et leur sabre à la ceinture sont ici chez eux ? Quelquefois, ils reviennent tourmenter les plongeurs. Aujourd'hui, ils sont en plastique et ne font plus peur qu'aux touristes.

25 – Tu le savais et tu ne m'as rien dit avant ? dit Anne indignée. Tu m'as laissée seule avec ma peur ?

– Mais bien sûr, répond Félix. Un peu de sensations fortes, c'est

---

1 **attiré, e** angezogen – 1 **une force** Kraft – 1 **se retourner** se tourner pour regarder derrière soi –
2 **un mât** la partie d'un bateau où se trouvent les *voiles* (Segel) – 2 **pendre** être attaché par le haut
à un seul endroit (hängen) – 2 **un pavillon** un drapeau attaché en haut d'un bateau qui montre sa
nationalité – 2 **une tête de mort** une tête de squelette – 2 **déchiré, e** zerrissen – 5 **soulagé, e** calmé,
qui va mieux – 5 **apercevoir** voir – 5 **une surface** ici : ≠ les profondeurs – 5 **un contour** une silhouette –
6 **tirer qn à bord** aider qn à monter sur un bateau en l'attrapant – 6 **épuisé, e** très fatigué – 12 **ricaner**
rire de façon cynique – 12 **sinistre** qui fait peur – 13 **un être** une créature – 13 **terrible** ici : très
méchant, horrible – 14 **une tombe** Grab – 15 **un os** une partie du squelette (Knochen) – 15 **maigre** ≠
gros – 16 **sanguinaire** qui aime faire mourir les gens – 18 **se libérer** sich befreien – 18 **une étreinte**
Umklammerung – 19 **un berceau** ici : là où qc a commencé (Wiege) – 21 **un bandeau** ici : un tissu que les
pirates portaient devant un œil – 21 **une jambe de bois** Holzbein – 23 **tourmenter** faire du mal

compris dans le prix d'une heure de plongée. Pour nous, les Créoles, le spectacle est gratuit.

Félix est bon marin et le bateau s'approche du port en tanguant légèrement.

5 Perdue dans ses pensées Anne regarde l'eau.

– Dis, Félix, tu peux me parler des pirates de Martinique ?

– Mais bien sûr, reprend-il. Ils se cachaient dans toutes ces baies et ports naturels. Aux XVIe et XVIIe siècles, ils attaquaient les bateaux espagnols qui transportaient les trésors du Nouveau Monde vers
10 leur patrie. Souvent, les bateaux coulaient. Mais il n'y avait pas que les pirates qui étaient responsables des naufrages. Il y avait aussi les ouragans et les accidents sur les récifs de coraux…

– Et l'éruption volcanique de 1902 ! Dis, Félix, on a déjà trouvé des trésors sur l'île ? Les yeux d'Anne rayonnent.

15 – Qu'est-ce que tu crois ? Pourquoi est-ce que j'ai pu t'offrir une chaîne pour ton anniversaire ? Parce que j'ai trouvé des kilos d'or dans un coffre au fond de la mer !

– Tu racontes encore des blagues ! Tu n'as rien trouvé, absolument rien, dit Anne qui se met à rire.

20 – Mais si, insiste Félix, j'ai trouvé une boîte en pur fer-blanc !

– Et la semaine dernière une bicyclette rouillée, ajoute Anne. Tu fais des progrès !

– Un jour, je trouverai des trésors et puis…

La sirène d'un bateau à moteur qui les dépasse empêche Félix de
25 terminer sa phrase. Anne suit le bateau des yeux.

– Il est dingue, il va comme un fou.

De fortes vagues battent contre leur petit bateau qui se met à tanguer.

1 **être compris dans le prix** être déjà dans le prix – 3 **un marin** une personne qui est dans l'équipage d'un bateau – 3 **s'approcher** venir plus près – 3 **tanguer** schaukeln – 4 **légèrement** un peu – 5 **être perdu dans ses pensées** réfléchir et ne plus faire attention à ce qui se passe autour de soi – 9 **le nouveau monde** l'Amérique – 10 **la patrie** le pays d'où l'on vient – 11 **être responsable de qc** être la raison pour laquelle qc arrive – 11 **un naufrage** une catastrophe pendant laquelle un bateau finit sous la mer – 12 **un ouragan** *in der Karibik:* Wirbelsturm oder Hurrikan – 14 **rayonner** funkeln – 16 **une chaîne** *ici:* un bijou (Schmuck) en métal que l'on s'attache autour de la gorge – 17 **au fond** tout en bas – 18 **une blague** Witz – 20 **insister** continuer à dire qc parce qu'on le trouve important – 20 **une boîte en fer-blanc** une conserve – 21 **une bicyclette** un vélo – 21 **rouillé, e** rostig – 22 **faire des progrès** devenir meilleur – 24 **dépasser qn** passer devant qn

–   Il va arriver avant toi et te piquer ton butin. Regarde ce cargo à l'horizon. Il transporte sûrement des conteneurs remplis d'or, d'argent et de pierres précieuses, s'écrie Anne.

–   Peut-être que le bateau à moteur a même une permission.

5   –   Une permission ? Pour faire de la vitesse et mettre en danger les jeunes comme nous sur les petits bateaux ? demande Anne étonnée.

–   Tu n'as pas entendu parler de Francis Drake et d'Henry Morgan ? demande Félix à sa copine.

FRANCIS DRAKE.—After a picture in the collection of the Marquis of Lothian

CAPTAIN HENRY MORGAN.
(From Captain C. Johnson's "Lives of Famous Highwaymen, Pirates, &c.")

10   –   Si, si. Désolée, je viens peut-être de la métropole mais je ne suis pas complètement idiote comme tu le penses.

–   Bon, je t'explique quand même. Pendant deux siècles, les puissances coloniales de l'Europe occidentale se sont disputé les terres qu'elles possédaient dans les Caraïbes.

15   –   C'était la France et l'Angleterre, non ? demande Anne.

---

1 **piquer** *fam* voler – 1 **un butin** tout ce que l'on a pris à l'*ennemi* (Feind) – 1 **un cargo** *ici:* un bateau qui transporte des marchandises – 3 **l'argent** *m ici:* un métal gris qui est très cher (Silber) – 4 **une permission** Erlaubnis – 13 **une puissance coloniale** un pays qui a beaucoup de colonies

– Oui, mais surtout l'Espagne qui est devenue une grande puissance mondiale. Et alors, les Français et les Anglais ont pénétré dans cette sphère d'influence, souvent à l'aide des pirates qui naviguaient normalement sous leur propre pavillon.

5 – Et avec la permission de leur roi, ajoute Anne.

– Si tu t'intéresses à la piraterie, j'ai un livre à la maison. Je peux…

– Félix, Félix, regarde !

Anne fait un bond sur le côté et se retient au bras de son copain pour ne pas tomber à l'eau. Le bateau manque de chavirer.

10 – Un visage, là, dans l'eau… un visage tout pâle.

– Où ça ? Je ne vois rien, répond Félix. Tu rêves ou quoi ?

– Là, je l'ai vu, entre les vagues, le visage… je ne suis pas folle ! Je viens de voir un visage de femme, une femme aux longs cheveux noirs.

15 – Mais où ? demande Félix en regardant attentivement l'eau. Elle a demandé de l'aide, cette femme ? Elle t'a fait signe ?

– Non, j'ai seulement vu ce visage pâle aux grands yeux noirs et aux longs cheveux !

Pour la première fois, Félix semble intrigué.

20 – Félix, rentrons vite au port. Je veux partir d'ici et tout de suite ! Il va faire nuit, rentrons vite à Saint-Pierre ! supplie Anne.

Pendant quelques secondes encore, Félix regarde fixement la mer où se reflète la lumière rougeâtre du soleil couchant. Il est pensif. Qu'est-ce que c'est, cette histoire de femme aux longs cheveux ? Et

25 qui est cet homme ? Pourquoi était-il si pressé ?

– Moi, je n'ai pas vu de femme noyée mais c'est bizarre tout ça, je pense qu'il faut prévenir la police, dit Félix d'un ton décidé.

Félix prend son portable « super moderne » et fait le numéro de la police.

30 – Ils prennent une vedette et ils arrivent dans quelques instants, dit-il soulagé.

---

1 **une puissance mondiale** un pays qui a beaucoup de *pouvoir* (Macht) sur le reste du monde – 3 **une sphère d'influence** la zone sur laquelle un pays a du pouvoir – 4 **naviguer** aller quelque part en bateau – 8 **un bond** Sprung – 8 **se retenir** se rattraper – 9 **chavirer** kentern – 10 **pâle** très blanc – 19 **intrigué, e** intéressé – 23 **se refléter** sich widerspiegeln – 23 **rougeâtre** → rouge – 23 **le soleil couchant** die untergehende Sonne – 23 **pensif, -ive** qui réfléchit – 25 **pressé, e** qui doit faire les choses très vite, qui ne peut pas attendre – 26 **noyé, e** qui est mort d'être resté sous l'eau – 27 **prévenir qn** dire à qn ce qui se passe – 27 **décidé, e** qui a choisi ce qu'il veut faire – 30 **une vedette** un petit bateau très rapide

Le temps passe très lentement, trop lentement. Anne est silencieuse, elle pense et repense à cette histoire de femme, certainement noyée, peut-être assassinée… Ce visage pâle et ces grands yeux noirs la poursuivent. Elle veut chasser cette image de sa mémoire. Rien à
5  faire !
– Les voilà ! crie Félix. Enfin !
Le bateau de la police se range tout près de celui des jeunes. Pendant que l'un des policiers écoute attentivement Anne raconter ce qu'elle a vu, l'autre note les noms, les adresses et les numéros de
10  téléphone des jeunes.
– Bon, la police va s'occuper de cette affaire. Bonsoir, les jeunes, et bonne nuit ! Merci de nous avoir téléphoné.
Et le bateau de police s'éloigne lentement.
– Comment ça, bonne nuit ? dit Anne en colère. Ils ne nous croient
15  pas. Repenser à ce visage de femme inconnue, je ne peux plus le supporter ! C'est un vrai cauchemar !

Quand ils arrivent au port, il fait déjà nuit. Un vent doux caresse les cheveux d'Anne.
– Il est presque 7 heures, dit-elle en regardant sa montre. Vite, Félix,
20  mon bus part dans 15 minutes.

Ils passent encore chez Jean pour lui rendre les combinaisons et l'équipement de plongée.
– Dites, il s'est passé quelque chose en mer ? Je viens de voir la vedette de la police…
25 – J'en sais rien…, répond Félix.
Anne se retourne. Elle essaie de garder son calme.
– Peut-être qu'il y a eu un crime et que la police recherche des indices. Ou bien on recherche peut-être les traces d'un mort, ou d'une morte, d'une noyée…
30 – Tu viens, Anne ? Le bus ne va pas t'attendre, tes parents vont être inquiets. Salut Jean !

1 **silencieux, -euse** *ici:* qui ne dit rien – 3 **assassiné, e** qu'un criminel a fait mourir – 4 **poursuivre** suivre – 4 **chasser** *ici:* faire partir – 4 **une mémoire** *ici:* tous les souvenirs d'une personne –
8 **attentivement** en faisant très attention – 16 **un cauchemar** ≠ un rêve – 17 **doux, douce** ≠ fort –
17 **caresser les cheveux de qn** *ici:* jdm durchs Haar streichen – 28 **un indice** la trace d'un crime qui peut dire qui est le criminel – 28 **un mort** une personne qui ne vit plus – 31 **inquiet, -ète** beunruhigt

Sans rien dire, ils vont vers l'arrêt de bus. Des voix fortes sortent de quelques maisons et le tam-tam sourd des tambours africains s'y mêle. Partout, on entend le « zouk », ce mélange de rythmes africains, européens et américains qui fait si souvent la joie des habitants de l'île et des touristes.

– Eh Anne ! Regarde qui arrive, dit Félix tout à coup.

– Qui ça ?

Anne se retourne.

– Qui ? Ton bus, tout simplement, dit Félix en riant.

Félix fait la bise à sa copine et elle monte dans le bus. Encore un court salut de la main. Le bus démarre et Félix disparaît dans la nuit.

---

2 **sourd, e** *ici:* ≠ strident – 2 **un tambour** Trommel – 3 **se mêler** se mettre ensemble pour ne faire plus qu'un (sich mischen)

*Morne-Vert*

# **3** Une rencontre intéressante

Le bus suit la route côtière jusqu'au Carbet où, comme on le raconte dans les livres d'histoire, Christoph Colomb a débarqué en 1502. C'est aussi sur cette plage que le capitaine flibustier Belain
5 d'Esnambuc et ses compagnons ont pris possession de l'île au nom de la couronne de France le 15 septembre 1635.

Dans ce petit village, d'autres personnes montent. Parmi les touristes, une jeune femme aux cheveux blonds et au visage pâle, pâle comme celui de la morte. Ce visage qui la poursuit ! Anne
10 frissonne.

« Allez Anne, tu es en train de perdre la tête. La noyée au visage pâle était brune. Et si l'inconnue ne s'était pas noyée, mais avait

---

2 **côtier, -ière** → une côte – 3 **débarquer** descendre d'un bateau – 4 **une plage** Strand – 4 **flibustier** un corsaire – 5 **un compagnon** un camarade – 5 **prendre possession de qc** dire que qc est à soi – 6 **une couronne** *ici*: une famille de roi – 11 **perdre la tête** devenir fou

été victime d'un criminel ? Entre-temps la police a-t-elle fait une enquête et retrouvé des traces ? »

Deux dames vêtues de robes aux couleurs vives et artistiquement coiffées ont pris place derrière Anne. Et elles bavardent, bavardent…

– C'est vraiment incroyable, commence l'une d'elles. Jamais de ma vie, et ça fait plus de 40 ans maintenant, je n'ai pu voir une lance de fer vivante. Et maintenant elles viennent dans les villages, c'est incroyable !

– On a réagi vite cet après-midi quand une lance de fer est entrée dans le jardin des voisins. Mon mari a réussi à la chasser, cette sale bête. Et heureusement, sinon, il y aurait encore eu d'autres morts à la Martinique, reprend sa voisine.

– La protection de la nature et de l'environnement, c'est important. Pour cette raison, on a bien le droit de lutter contre la construction de cet hôtel… On veut sauver la nature à Morne-Vert. Je sais, je sais, la nature, c'est aussi les serpents, mais pas dans les villages, reprend la première après une petite pause.

– Au fait, vous savez où en est la pétition contre la construction de l'hôtel de luxe à Morne-Vert ? Vous croyez qu'on a déjà assez de signatures ?

– Oui, je pense. Et de plus, on dit qu'on va même avoir un grand succès grâce à l'engagement du Dr Vernier et de son collègue.

– Espérons !

La dame pousse un soupir.

Le bus a quitté la route côtière et il a bien du mal à monter sur la route pleine de virages qui mène à Morne-Vert. Morne-Vert est joliment situé sur une crête, à environ 400 m d'altitude. Pour y arriver, il faut

---

1 **une victime** une personne qui subit les conséquences d'un crime (Opfer) – 2 **une enquête** le travail que fait la police pour trouver un criminel – 3 **vêtu, e** qui porte des vêtements – 3 **artistiquement** de belle façon, comme si un artiste l'avait fait – 4 **bavarder** discuter – 6 **incroyable** qui est dur à croire – 12 **une sale bête** *ici:* un animal dangereux – 14 **une protection** → protéger – 14 **l'environnement** Umwelt – 15 **un droit** Recht – 15 **lutter** combattre – 15 **une construction** le fait de construire qc – 16 **sauver** retten – 19 **une pétition** une lettre écrite par beaucoup de gens pour demander qc au *gouvernement* (Regierung) – 21 **une signature** ce que l'on écrit à la fin d'une lettre pour montrer qui l'on est (Unterschrift) – 25 **pousser un soupir** seufzen – 27 **mener** conduire – 27 **joliment** → joli – 28 **situé, e** qui est, qui se trouve – 28 **une crête** Grat

passer par une région montagneuse appelée la « Petite Suisse ». Grâce à une température très agréable, c'est un endroit privilégié où on a construit des maisons de campagne et de vacances.

Enfin, le bus arrive à destination et Anne descend. Elle longe la petite
5   rue bordée de maisons fleuries au milieu de jardins soignés. Arrivée à la porte du jardin, elle remarque quelque chose de bizarre : il n'y a pas de lumière à la maison…

Lentement, le cœur battant, elle traverse le jardin et s'approche de la maison. Elle regarde en direction du garage et reste perplexe
10   devant l'entrée de la maison. Les deux voitures de la famille ne sont pas là. Papa n'est-il pas rentré ce soir ? Et maman, où est-elle allée si tard ? Le jeudi, son travail finit à 16 heures.

Lentement, elle ouvre la porte d'entrée. Ses mains tremblent. Sans faire de bruit, elle regarde autour d'elle. Elle ne voit rien d'anormal…
15   ou si… Elle remarque un détail bizarre. Pourquoi est-ce que la porte de l'armoire à chaussures est ouverte et pourquoi est-ce que tous les

1 **montagneux, -euse** → montagne – 2 **agréable** ≠ désagréable – 2 **privilégié, e** *ici:* beau, agréable – 3 **une maison de campagne** une maison dans laquelle on ne vit que pendant les vacances – 4 **une destination** ≠ un point de départ – 4 **longer qc** aller le long de qc – 5 **bordé, e** qui a qc tout au long de ses bords (gesäumt) – 5 **fleuri, e** avec beaucoup de *fleurs* (Blumen) – 5 **soigné, e** dont on s'occupe bien – 6 **remarquer** apercevoir – 8 **le cœur battant** avec le cœur qui bat très fort – 14 **un bruit** ce que l'on entend – 14 **anormal, e** ≠ normal – 16 **une armoire** Schrank – 16 **une chaussure** ce que l'on porte sur ses pieds (Schuh)

chaussons de la famille sont dans le couloir ? Non, ça ne ressemble
pas à maman, elle qui est si ordonnée ! De plus en plus inquiète,
Anne va à la cuisine. Sur la table, il y a un grand saladier et à côté,
un couteau et la moitié d'une tomate. Anne est prise de panique.
5   Pourquoi est-ce que sa mère a quitté la maison si précipitamment ?
Elle a peut-être été kidnappée ! Et où est papa ? Est-ce qu'il est parti
à sa recherche ?
Tout à coup, le son aigu du téléphone la tire de ses pensées. Est-ce
le kidnappeur qui se manifeste ? Est-ce qu'il veut une rançon ? Anne
10  est incapable de réagir, elle reste debout devant le téléphone, sans
décrocher.
« Il faut prévenir la police », se dit-elle. Mais juste au moment où elle
veut saisir le combiné, elle entend du bruit devant la maison. Vite,
elle va regarder par la fenêtre, sans allumer la lumière. Personne !
15  Elle ne comprend pas, elle a bien entendu un bruit devant la
maison. Elle entrouvre la porte d'entrée et observe la rue. Elle
remarque un jeune homme d'environ 18 ans. Elle ne sait pas
s'il habite dans le quartier mais elle l'a déjà rencontré une fois à
Morne-Vert. Le jeune homme l'aperçoit et vient à sa rencontre. Il a
20  l'air très sympathique.

–   Hé salut ! Tu peux me laisser entrer, tu sais. Tu en fais une tête. Tu
as des problèmes avec tes parents ? Tes profs ? Tes copains ? Ton
petit ami ? demande-t-il.
–   Euh… avec mes parents.
25  –   Oh ! Tu n'es pas la première. On a tous des problèmes avec les
parents, nous les jeunes. Je peux t'aider ? Je peux leur parler si tu
veux, à tes parents. Je peux leur dire qu'ils ont une fille chouette,
par exemple, et sympa et jolie en plus.
–   Ben, euh… mes parents ne sont pas rentrés et je ne sais pas
30  pourquoi.

1 **un chausson** une chaussure que l'on met dans la maison – 1 **un couloir** un corridor – 1 **ressembler à
qn** ici: être typique de qn – 2 **ordonné, e** ici: qui range tout – 4 **un couteau** Messer – 5 **précipitamment**
vite – 6 **partir à la recherche de qn** partir pour essayer de trouver qn – 8 **un son** un bruit – 8 **aigu,
aigüe/aiguë** ≠ sourd – 8 **tirer qn de ses pensées** faire que qn arrête d'être pensif – 9 **se manifester**
ici: prendre contact – 9 **une rançon** une somme d'argent pour la libération d'une personne kidnappée
(Lösegeld) – 10 **incapable de faire qc** qui ne peut pas faire qc – 10 **debout** qui se tient sur ses jambes –
11 **décrocher** ici: répondre au téléphone – 13 **un combiné** la partie d'un téléphone dans laquelle on
parle – 16 **entrouvrir** ouvrir juste un peu – 21 **faire une tête** fam ne pas avoir l'air d'aller bien

– Et alors, tu es une grande fille, non ? Ils sont peut-être allés à Fort-de-France en amoureux, dit-il et il entre dans le jardin.

Anne pense : « Qu'est-ce qu'il est chic, ce mec ! Tout à fait mon genre : grand, svelte, bronzé, les cheveux sombres. »

5 Dans l'encolure largement ouverte de sa chemise, elle voit une chaîne en or et il a une montre très chère au poignet.

**6** Pendant quelques secondes Anne oublie qu'elle se fait du souci pour ses parents et n'a d'yeux que pour ces yeux sombres aux longs cils.

10 – Tu ne me reconnais pas ? lui dit-il d'une voix très douce. J'habite là-bas, à la sortie du village. Je t'ai rencontrée un jour avec ta mère à la banque où je travaille. Dis donc, ils ont bien un portable, tes parents ? Pourquoi est-ce que tu ne leur téléphones pas ? Ou bien envoie-leur un SMS et demande-leur de te répondre tout de

15 suite.

– Ben… j'ai pas eu le temps. Je suis tellement choquée, avoue Anne. Ce n'est pas leur habitude, à mes parents. Dans la famille, on se dit toujours où on est !

Et elle baisse les yeux intimidée.

20 – Et puis, j'ai oublié mon portable au musée volcanologique où je travaille pendant les vacances.

Il lui tend son portable luxueux.

– Merci, euh… tu es gentil… euh… je peux utiliser le téléphone à la maison.

25 Anne se détourne un peu de lui.

– Allez, prends mon téléphone ! Je vais rester près de toi. On ne sait jamais.

Il pose amicalement le bras sur les épaules d'Anne.

– À propos, tu t'appelles comment ? Moi, c'est Patrick, et toi, tu

30 es…

Anne hésite un moment. Enfin elle dit :

– Euh… moi, je m'appelle Anne, Anne Vernier.

---

3 **tout à fait mon genre** *fam* qui est mon type idéal – 4 **svelte** ≠ corpulent – 4 **bronzé, e** ≠ pâle – 5 **une encolure** la partie d'un vêtement qui est autour du *cou* (Hals) – 5 **largement** très – 6 **un poignet** Handgelenk – 7 **se faire du souci** être inquiet – 8 **n'avoir d'yeux que pour qc ou qn** n'être intéressé que par une qc ou qn – 9 **un cil** Wimper – 19 **baisser** ≠ lever – 19 **intimidé, e** → timide – 23 **utiliser** prendre – 25 **se détourner** sich wegdrehen – 28 **amicalement** comme le ferait un ami

– Alors, Anne, tu le fais, ce numéro ? dit-il pour l'encourager.

Le cœur battant, Anne compose le numéro du portable de son père. Elle entend la sonnerie. Mais personne ne décroche. Après de longues secondes, elle raccroche et rend le portable à Patrick.

5 – Personne ! Mais pourquoi est-ce qu'il ne décroche pas ? Pourquoi ? demande Anne d'une voix désespérée.

– Il est peut-être en réunion, ton père, et il ne peut pas répondre. Appelle donc ta mère.

Patrick lui redonne son portable.

10 Anne entend deux sonneries, puis un « Allô ? ».

– Maman, où tu es ? Et papa ? s'écrie Anne qui est devenue toute pâle… Oui, à tout à l'heure, maman, dit-elle enfin et sa main reste en l'air, accrochée au portable.

– Anne, qu'est-ce qui s'est passé ? Je peux t'aider ? demande
15 Patrick.

– Papa… papa a été attaqué.

– Quoi ? Attaqué ? Mais où ? Raconte.

– À la bibliothèque Schœlcher. Il y était pour préparer une exposition. Oh, Patrick, je suis vraiment inquiète, tu ne peux pas
20 comprendre.

1 **encourager** dire qc à qn pour l'aider à faire qc – 2 **composer** *ici:* faire – 4 **rendre** redonner –
6 **désespéré** qui n'espère plus – 7 **une réunion** une rencontre de travail entre plusieurs personnes –
13 **accroché à qc** *ici:* qui continue de tenir (halten) qc – 19 **une exposition** un groupe d'objets sur un
certain thème que les gens peuvent visiter (Ausstellung)

Anne se laisse tomber sur une grosse pierre et appuie la tête dans ses mains. Patrick se penche vers elle.

– Mon Dieu, mais c'est terrible ! Comment est-ce que c'est arrivé ? Attaqué par qui ? Comment est-ce qu'il va ? J'espère qu'il n'est
5   pas blessé !

– Il est à l'hôpital.

– À l'hôpital ?

C'est bizarre, mais à ces mots, Anne croit voir quelque chose d'étrange dans les yeux de Patrick. Et elle continue :
10 – Quelqu'un l'a frappé à la tête par derrière avec un objet lourd. Il était sans connaissance quand on l'a trouvé.

Patrick essaie de la consoler.

– Mais Anne, il a quand même eu de la chance. Il est en vie. C'est le plus important, non ? Tu vas voir, il va sortir de l'hôpital dans
15   quelques jours. Et tout va rentrer dans l'ordre.

– Tu crois ?

Anne regarde Patrick avec de grands yeux pleins de doute.

– Mais j'en suis bien sûr, ma petite princesse.

Tout à coup, son portable sonne.
20 – Je dois partir. On m'attend. Je te laisse, ta mère va bientôt arriver.

Il fait quelques pas, puis il se retourne.

– On peut se revoir, princesse ? Voilà mon numéro de portable. Alors, à bientôt et calme-toi. Passe une bonne nuit !
25 Patrick sourit et disparaît.

« Il a dit 'ma petite princesse' », pense Anne qui se met à rêver.

Quand elle regarde sa montre, il est presque 21 heures.

« Mais à quelle heure est-ce que maman va arriver ? »

Enfin, après des minutes qui lui semblent très longues, elle voit la
30 voiture de sa mère qui s'arrête devant le garage. Anne se précipite vers elle. Toute chamboulée, Mme Vernier descend de voiture et ne pense même pas à embrasser sa fille.

---

2 **se pencher** sich niederbeugen  – 5 **blessé, e** verletzt – 9 **étrange** bizarre – 10 **frapper** battre – 11 **être sans connaissance** bewusstlos sein  – 15 **rentrer dans l'ordre** redevenir normal – 17 **un doute** ce que l'on sent quand on est pas sûr de qc – 30 **se précipiter** vers courir vers – 31 **chamboulé, e** verwirrt

– Dis, maman, il va comment, papa ?

– On peut dire que, vu les circonstances, ça va pas trop mal. Il a repris connaissance, mais il ne peut se souvenir de rien. Viens vite, ma chérie. Entrons à la maison, je suis épuisée.

5 Elles vont au salon et Mme Vernier se laisse tomber dans un fauteuil. Elle est soucieuse.

– Dis maman, tu penses qu'on va pouvoir retrouver celui qui a attaqué papa ? La police va sûrement faire une enquête. Il y a peut-être quelqu'un qui a remarqué quelque chose, la bibliothèque est
10 toujours bien fréquentée.

– Je ne crois pas. Tout s'est passé pendant la pause de midi, exactement à 12 h 58. Cette femme est entrée dans le bâtiment par la fenêtre à l'arrière de l'immeuble et elle a surpris ton père.

– Cette femme ? Comment est-ce que tu sais que c'était une
15 femme ?

Anne est de plus en plus intriguée.

– C'est ce qu'on m'a dit à la bibliothèque. Tu sais que, dans une bibliothèque, il y a des caméras de surveillance partout. Au commissariat où j'ai dû faire une déposition, ils m'ont montré
20 une photo de cette femme. Elle était grande, svelte. Tiens, voilà une copie un peu floue !

À la vue de la photo, Anne est bouleversée. De grands yeux noirs dans un visage tout pâle aux longs cheveux sombres la fixent. Encore elle !

25 Elle raconte son après-midi à sa mère. Mme Vernier conseille à sa fille de téléphoner à la police. Le policier écoute avec beaucoup d'attention l'épisode du visage pâle. Non, la police n'a pas encore de traces de la dame mystérieuse. Elle portait des gants et avant de fuir, elle a essayé de détruire les caméras de surveillance. Mais

---

2 **une circonstance** Umstand – 3 **reprendre connaissance** se réveiller après avoir perdu connaissance –
3 **se souvenir de qc** avoir un souvenir de qc – 4 **épuisé, e** très fatigué – 6 **soucieux, -euse** qui se fait du
souci – 10 **bien fréquenté, e** gut besucht – 16 **intrigué, e** beunruhigt – 18 **une caméra de surveillance**
Überwachungskamera – 19 **un commissariat** là où sont les bureaux de la police – 19 **faire une
déposition** expliquer de façon officielle à la police ce que l'on sait – 21 **flou, e** unscharf – 22 **à la vue
de** en voyant – 22 **bouleversé, e** chamboulé (verwirrt) – 23 **fixer** *ici:* regarder fixement – 25 **conseiller**
donner un conseil – 28 **un gant** un vêtement que l'on porte sur ses mains (Handschuh) – 29 **fuir** partir
le plus vite possible pour ne pas être rattraper – 29 **essayer** probieren – 29 **détruire** ≠ construire

en vain. Les garde-côtes l'ont cherchée pendant des heures et n'ont pas réussi à la retrouver.

« Bizarre. Tout est si bizarre, pense Anne. Qu'est-ce que la dame mystérieuse voulait de papa ? Comment savait-elle qu'il était à la bibliothèque Schœlcher ? Pourquoi l'a-t-elle attaqué ? Voulait-elle le tuer ? Qu'est-elle venue faire à Saint-Pierre ? »

Tant de questions qui l'empêchent de dormir. Et ce visage fantomatique qui apparaît devant elle... Elle a eu un accident ou elle s'est suicidée... Est-ce qu'il y a une relation entre le visage pâle de la morte et l'attaque à la bibliothèque ?

---

1 **en vain** sans y arriver – 1 **un garde-côte** une personne qui fait respecter les lois d'un pays sur la mer – 6 **tuer qn** faire mourir qn – 7 **empêcher qn de faire qc** ne pas laisser qn faire qc – 8 **fantomatique** gespenstisch – 8 **apparaître** se montrer, se laisser voir – 9 **se suicider** se tuer

*La cathédrale de Saint-Pierre*

# 4 Des bruits bizarres

Le lendemain vers 7 heures, le téléphone sonne. Anne sursaute.

– Anne, Anne, réponds au téléphone, s'il te plaît. Je suis dans la
5   salle de bains, dit sa mère.

Anne hésite. Qui appelle à cette heure-là ? La police ? Quelqu'un de
l'hôpital ? L'état de papa s'est-il aggravé ?

– Anne, tu n'entends pas ? répète sa mère depuis la salle de bains.

Les mains tremblantes, Anne décroche. Elle n'est vraiment pas
10  tranquille depuis l'histoire d'hier et les choses étranges qui se
passent sur l'île la troublent.

– Allô ?

– Allô, Anne ? C'est Félix. Je viens de lire le journal. Ça va chez toi ?
   Quelle histoire, ton père qui a été attaqué ! Il va bien, j'espère…
15  Tu as de ses nouvelles ? Tu as vu la photo dans le journal ? Tu

---

6 **hésiter** ne pas être sûr de ce que l'on doit faire – 7 **un état** *ici:* Zustand

n'as pas reconnu le visage ? Ben, tu sais… hier soir… en bateau…
après la plongée…

Anne lève les yeux au ciel.

– Oh Félix, je n'ai vraiment pas la tête à papoter. Je n'ai pas lu le
5     journal. Et de plus, je suis en retard, je dois partir dans quelques
minutes. Papa ne va pas trop mal. On se rappelle, Félix, ou bien
tu passes me voir au musée dans la matinée.

Elle est énervée et elle raccroche très vite.

– C'était qui ? demande sa mère.
10 – Félix, répond Anne. Dis maman, je peux parler à papa
aujourd'hui ?

– Ton père n'a pas encore le téléphone dans sa chambre. Je vais
faire le nécessaire ce matin. Si tu veux, tu peux passer à l'hôpital
après ton travail.

15 Après un petit déjeuner très rapide, Anne prend son petit sac à dos
pour descendre à Saint-Pierre.

– Salut, maman ! Et bises à papa !

– D'accord, et toi, fais bien attention. Papa est à l'hôpital, un blessé
dans la famille, ça suffit !

20 À Saint-Pierre, Anne passe devant la cathédrale qui date du XVIII^e
siècle. Comme sa façade avait résisté à l'éruption volcanique
jusqu'à la hauteur des frises, on a décidé de reconstruire la nef avec
des matériaux retrouvés après la catastrophe.

Pour Anne, le chemin qui mène au musée est toujours une triste
25 confrontation avec le passé : des deux côtés du chemin, il n'y a que
de pauvres petites maisons en bois, des ruines et des vieux murs
sans porte ni fenêtres. Finalement, elle arrive au musée et se met au
travail. Elle classe quelques documents.

Le matin passe lentement. Plus lentement que d'habitude et la vue
30 des objets exposés la déprime encore plus.

« Encore un quart d'heure avant la pause de midi », pense-t-elle
quand un couple entre. Lui, la quarantaine, plutôt gros, en chemise

---

4 **papoter** discuter – 6 **se rappeler** *ici:* se téléphoner de nouveau – 13 **faire le nécessaire** faire ce
qui doit être fait – 20 **dater de** qui a été construit en – 21 **résister** *ici:* qui n'est pas détruit malgré
la catastrophe – 22 **à la hauteur de qc** auf der Höhe von etw – 22 **une frise** Fries – 22 **une nef**
Kirchenschiff – 25 **une confrontation** *ici:* une rencontre désagréable – 25 **le passé** ≠ l'avenir –
32 **un couple** deux personnes qui sont ensemble – 32 **la quarantaine** *fam* quarante ans environ

multicolore, short et tongs, d'énormes lunettes de soleil pour maintenir ses cheveux longs. Elle, beaucoup plus jeune, svelte, en short elle aussi et en T-shirt sur lequel est imprimé un bateau de pirates. Un grand chapeau de soleil avec un nœud rouge couvre ses
5 cheveux.

– Regarde, chéri ! dit la femme. N'est-ce pas fascinant tous ces verres et ciseaux qui ont fondu et pris des formes si bizarres ?

– On dit qu'ils ont inspiré Picasso, ajoute son compagnon en se retournant vers les photos prises avant et après la catastrophe.
10 À l'époque, la Martinique était « Le Petit Paris », « La Reine des Antilles », dit-il.

– « Petit Paris », un bien grand mot, fait-elle remarquer d'un air méprisant. Ce n'est qu'une bourgade.

– Aujourd'hui peut-être, reprend-il et il regarde de près l'un des
15 textes d'information. Mais au XIXᵉ siècle, Saint-Pierre, la capitale culturelle et commerciale des Caraïbes avait environ 30 000 habitants, une cathédrale, des églises, un théâtre, des écoles, un tramway et un port très actif.

– Et de jolies maisons en pierre avec des balcons et des toits pointus
20 en tuiles, dit-elle pour préciser. Regarde cette photo, elle n'est pas romantique, cette petite cour avec ses palmiers, sa fontaine et ses fleurs ? Comme j'aimerais aussi avoir une maison avec une petite cour ou au moins un jardin d'hiver ! Ce serait mon rêve. Qu'est-ce que tu en penses ? dit-elle avec beaucoup d'enthousiasme.

25 – Tu en as des idées, répond-il d'une voix neutre. Tiens, voilà une information importante pour toi. Écoute ce texte : « Chaque famille avait une baignoire et dans la ville se trouvaient plusieurs cafés, treize magasins de mode et cinq marchands de chapeaux. »

– Alors, on était dans la capitale de l'élégance, ajoute-t-elle ravie
30 et elle remet son chapeau en place. Et aussi du « savoir vivre ». Tu as vu ces photos du carnaval ? Formidable ! Mais dis, tu sais

---

1 **multicolore** qui a plusieurs couleurs – 1 **une tong** Flip Flop – 2 **maintenir qc** tenir qc à un endroit –
3 **imprimé, e** bedruckt – 4 **un chapeau** un vêtement avec des bords que l'on porte sur la tête (Hut) –
4 **un nœud** ici: Schleife – 9 **pris, e** ici: fait – 12 **remarquer** ici: dire – 13 **méprisant, e** arrogant – 13 **une bourgade** ≠ une capitale – 19 **pointu, e** spitz – 20 **une tuile** une des pierres qui couvrent un toit –
20 **préciser** expliquer mieux, de façon plus complète – 21 **une fontaine** Springbrunnen – 25 **neutre** ici:
sans émotion – 27 **une baignoire** Badewanne – 30 **le savoir-vivre** la façon de bien *se comporter* (sich benehmen) quand on est avec d'autres gens

pourquoi on n'a pas évacué les habitants quand le volcan s'est réveillé ? demande-t-elle après une petite pause.

– On a ignoré le danger. Certains touristes étaient même en route vers le cratère. Et comme il allait y avoir des élections, les politiciens voulaient éviter toute panique.

– Oh, la politique ! dit-elle en soupirant.

Et elle ajoute en regardant sa montre :

– Chéri, il est presque midi. Viens, on rentre à l'hôtel. J'ai envie de profiter du buffet sur la terrasse, de la piscine, de la mer. Pour ça, c'est super, la Martinique !

Les deux touristes se dirigent alors vers la porte d'entrée, saluent et sortent.

« Ouf ! Enfin ils sont partis ! » pense Anne.

Elle est juste en train de ranger ses affaires quand elle entend de dehors un drôle de bruit. Effrayée, elle lève les yeux. Anne tend à nouveau l'oreille… Encore ce même bruit qui semble venir de

---

3 **ignorer qc** ne pas faire attention à qc – 3 **être en route** être en train d'aller à un endroit – 4 **une élection** le moment pendant lequel on vote pour un homme politique – 6 **soupirer** pousser un soupir – 9 **une piscine** Schwimmbad – 11 **se diriger** aller – 15 **effrayé, e** qui a peur – 15 **tendre l'oreille** écouter en faisant très attention

l'arrière du musée. Anne reste dans un coin, sans bouger. Elle regarde fixement le mur où un long rayon de lumière vertical se dessine. La porte est entrouverte ! Anne voudrait la refermer. Mais trop tard ! Lentement, la surface claire s'élargit. Anne réprime un cri.

– Hé, coucou ! dit Félix en entrant.

Inquiet, il s'approche d'elle.

– Tu ne vas pas bien ? Tu es toute pâle.

– Il y a quelque chose de mystérieux derrière le musée. Je viens d'entendre un bruit étrange, un peu comme le cri d'un animal blessé.

– Euh… tu ne vas quand même pas me dire que tu as entendu un bruit qui ressemble au cri du… fantôme de la dame pâle, dit Félix en riant.

– Arrête, tu veux ?

Anne se retourne en colère. Félix ne se laisse pas impressionner et reprend tranquillement.

– Ce sont peut-être des chats errants, il y en a beaucoup ici.

– Bof !

– Dis, Anne, reprend-il après une petite pause, ton père, il va comment ?

– Oh, ça va. On dit qu'il a eu beaucoup de chance. Il va quitter l'hôpital dans quelques jours. Mais la police n'a encore aucune piste.

– C'est incroyable ! Une femme inconnue, appelons-la la « noyée », qui a peut-être attaqué et voulu tuer ton père flotte dans la mer près de notre bateau, un bateau à moteur inconnu qui fait de la vitesse dans une zone interdite, la police qui fait des recherches et ne trouve rien. C'est comme dans un film policier.

Anne réfléchit un moment et secoue la tête.

– Tout est si bizarre sur cette île ! L'attaque, les serpents, ce bruit. Non Félix, ce ne sont pas des chats, c'est autre chose, quelque chose de mystérieux, j'en suis sûre maintenant.

---

1 **un coin** Ecke – 2 **un rayon** Strahl – 4 **une surface** une zone – 4 **s'élargir** devenir plus grand – 4 **réprimer** bloquer – 9 **mystérieux, -euse** qu'on ne peut pas expliquer – 13 **un fantôme** Geist – 16 **se laisser impressionner** être intimidé – 18 **un chat errant** un chat qui vit dans la rue – 26 **flotter dans la mer** être sur l'eau de la mer

– Allez, Anne, laisse tomber ! Oublie ce bruit. Il n'y a sûrement pas de raisons de s'inquiéter. Tu ne veux pas faire une pause ? Tu n'as pas un petit creux ? Regarde ce que j'ai apporté pour déjeuner en ta compagnie.

5 Félix ouvre une petite boîte en plastique.

– Oh, des accras, avec des tranches de concombres et de tomates ! Super, j'adore ça. Dis, Félix, les accras, tu les as achetés où ?

– Achetés ? Tu veux rire, je les ai faits spécialement pour nous, dit-il en souriant.

10 – Tu les as vraiment faits pour manger avec moi ? Félix, je t'adore ! Tu vas me donner la recette, hein ?

Anne l'embrasse

– La recette ? Ben, c'est simple. On prend du poisson, de la farine, des œufs, du persil, des oignons, de l'ail et des épices. On hache

15 le tout finement, puis on forme des boulettes qu'on fait frire. Voilà c'est tout ! Et maintenant, ferme la porte du musée à clé. Je t'emmène au théâtre pour le déjeuner !

– Oh, quel luxe ! reprend Anne. Comme toujours, ils en ont, des idées de génie, les garçons d'ici…

2 **s'inquiéter** qui est inquiet à cause de qc – 2 **avoir un petit creux** *fam* avoir faim – 3 **en compagnie de qn** avec qn – 5 **une boîte en plastique** Plastikdose – 6 **un accra** une spécialité des Antilles – 6 **une tranche** Scheibe – 6 **un concombre** Gurke – 14 **un oignon** Zwiebel – 14 **l'ail** *m* Knoblauch – 14 **une épice** Gewürz – 14 **hacher** couper – 15 **finement** *ici:* en très petites parties – 15 **former** faire – 15 **frire** frittieren

*Le théâtre de St-Pierre*

# 5 Au théâtre

L'ancien théâtre, édifié à la fin du XVIIIe siècle était une reproduction miniature du théâtre de Bordeaux. Il pouvait contenir 800 spectateurs. Aujourd'hui, on peut encore voir l'escalier
5  monumental et quelques pans de mur, les galeries circulaires et la vaste scène.

– On s'installe où ? demande Anne.

– Tout en haut, répond Félix.

Ils montent l'escalier et passent devant la statue qui symbolise la
10  renaissance de Saint-Pierre.

– Tiens, on peut s'asseoir là. C'est chouette et la vue est formidable. Quelle représentation est-ce qu'on donne aujourd'hui ? Anne, tu ne le sais pas ? demande Félix en déballant le repas.

2 **ancien, ne** vieux – 2 **édifié, e** construit – 3 **contenir** avoir à l'intérieur – 4 **un spectateur** une personne qui regarde un spectacle – 5 **un pan de mur** une partie de mur – 5 **circulaire** rond – 6 **vaste** très grand – 9 **symboliser qc** être le symbole de qc – 12 **une représentation** *ici:* un spectacle – 13 **déballer** sortir de son paquet

Anne ne répond pas. Après une pause, il continue :

– Aujourd'hui, c'est « Le mystère de la femme au visage pâle ».

– Félix, arrête. Tu…

Tout à coup, Anne commence à bégayer.

5 – Tu as entendu ce… ce bruit ?

Félix qui ne peut pas répondre à la question de sa copine fait un signe de la tête.

– Ce sont sûrement des chats.

Anne le regarde, elle est de plus en plus perplexe. D'abord, le cri
10 derrière le musée et maintenant ici ! Ici, tout près !

– Ne t'énerve pas comme ça ! On va voir. Il y a une explication pour tout.

Félix regarde attentivement autour de lui.

– Rien, tu vois, c'est terminé. Allez, on mange, j'ai une faim de
15 loup.

Anne hésite. Elle n'a pas confiance.

– Prends des accras, dit-il.

Le cœur battant, Anne commence à manger. Mais tout à coup, le bruit bizarre recommence. Effrayée, elle sursaute.

4 **bégayer** parler en ayant du mal a dire les mots correctement (stottern) – 14 **avoir une faim de loup** *fam* avoir très faim

– Ça vient du cachot de Cyparis. Je l'ai entendu très nettement.

– Tu penses peut-être que Cyparis est revenu, remarque Félix très calme.

Anne tape du pied, elle est en colère.

5 – Eh bien, si je rencontre son fantôme, je vais lui demander de retourner dans son cachot, continue Félix et il descend les escaliers à toute vitesse. Finalement, c'est ce cachot qui lui a sauvé la vie quand l'explosion a fait des morts à Saint-Pierre.

– Tu te moques de moi ou tu me prends encore une fois pour une

10 idiote. Je sais, je sais tout. Je connais cette histoire. S'il n'avait pas été complètement ivre, on ne l'aurait pas enfermé. C'est le cachot qui lui a sauvé la vie. Il était certainement l'unique survivant de la catastrophe et il est même devenu célèbre en montrant au cirque Barnum son corps et son visage couverts de cicatrices.

15 Anne est de plus en plus inquiète. Encore une histoire horrible !

Les deux jeunes décident d'aller ensemble au cachot. Quand ils arrivent au cachot de Cyparis, ils ne découvrent rien d'anormal. Absolument rien.

– C'est bien ce que je pensais, murmure Félix. Allez viens, on

20 mange, je commence à perdre patience avec tes histoires !

De mauvaise volonté, Anne le suit et ils s'installent en bas de l'escalier monumental. Anne n'a plus d'appétit. Plongée dans ses pensées, elle essaie de trouver une explication à ces bruits mystérieux.

– Hé, coucou !

25 Une voix douce lui fait lever les yeux… Patrick ! Il se tient de nouveau devant elle, rayonnant et séduisant.

Anne a le souffle coupé. Il s'approche d'elle, lui prend les deux mains et les serre très fort.

– Ravi de te revoir. Tout va bien ?

30 Anne est trop surprise de cette rencontre pour répondre. Patrick regarde Félix et il continue.

1 **un cachot** la chambre d'une personne qui est en prison – 1 **nettement** bien – 4 **taper du pied** stampfen – 7 **à toute vitesse** très vite – 11 **ivre** qui a bu trop d'alcool – 11 **enfermer** *ici:* mettre en prison – 12 **certainement** sûrement – 12 **unique** le seul – 12 **un survivant** une personne qui n'est pas morte pendant une catastrophe – 13 **célèbre** très connu – 14 **un corps** Körper – 14 **une cicatrice** Narbe – 20 **perdre patience avec qc ou qn** être énervé par qc ou qn – 21 **de mauvaise volonté** sans en avoir envie – 22 **être plongé, e dans ses pensées** penser à qc et ne plus faire attention à ce qui se passe – 26 **rayonnant, e** *ici:* qui a l'air très content – 26 **séduisant, e** verführerisch – 27 **avoir le souffle coupé** être si choqué que l'on s'arrête de *respirer* (atmen) – 29 **ravi, e** très content

–	Je vois que tu n'es pas seule, je ne veux pas déranger votre tête-à-tête d'amoureux. Ciao, ma petite princesse ! dit-il en souriant.
–	Ma petite princesse, qu'est-ce que ça veut dire ? crie Félix indigné quand Patrick a disparu.
5	–	Rien, vraiment rien, répond Anne. Il habite à la sortie de Morne-Vert et j'ai fait sa connaissance par hasard hier soir.
–	Ah, tiens, tiens, lui aussi, il habite à Morne-Vert. Et tu l'as rencontré par hasard hier soir ! Tu crois vraiment ça ?
–	Qui je rencontre, quand et où et ce qu'on se dit, ça ne te regarde
10	absolument pas. Rappelle-toi ça une fois pour toutes, s'écrie Anne furieuse.
–	Allez, Anne, arrête ton cirque. Il est impossible de te parler sérieusement aujourd'hui. Ce mec t'a vraiment tourné la tête.
C'en est trop pour Anne. Elle prend son sac à dos et part en direction
15	du musée.

1 **déranger** stören – 1 **un tête-à-tête** un rendez-vous entre deux personnes – 2 **ciao** *fam* au revoir, salut – 3 **indigné, e** empört – 6 **par hasard** sans le vouloir – 10 **une fois pour toutes** pour toujours – 12 **arrête ton cirque** mach nicht so einen Zirkus – 13 **il t'a tourné la tête** il t'a rendu folle (car tu es tombée amoureuse) – 14 **c'en est trop** c'est plus qu'une personne peut accepter

# 6 Un nouvel ami

Au fond de son cœur, elle aime bien Félix, mais quelquefois, il est tout simplement insupportable. La rencontre avec Patrick semble l'avoir beaucoup touchée.

5 « Il va sûrement faire la tête pendant quelques jours, pense Anne. Est-ce qu'il est jaloux ? »

Elle a mis très peu de temps pour arriver au musée. Encore un bref regard vers la baie magnifique de Saint-Pierre, puis elle ouvre la porte.

10 « 20 minutes trop tôt », pense-t-elle et elle met son sac à dos derrière la petite table où il y a beaucoup de prospectus multicolores sur Saint-Pierre. Plongée dans ses pensées, elle commence à feuilleter

---

3 **insupportable** désagréable, avec qui on n'a pas envie de rester – 4 **toucher** *ici:* berühren – 11 **un prospectus** un papier sur lequel il y a une publicité – 12 **feuilleter qc** regarder les pages de qc sans y faire très attention

l'une des brochures, regarde fixement le texte et constate tout à coup qu'elle ne lit pas, mais qu'elle voit Patrick devant elle : grand, svelte, bronzé, les yeux rayonnants et ce sourire si séduisant… Elle est contente d'être sur cette île si belle qu'on appelle aussi « l'île aux fleurs ». Elle n'a pas eu de problèmes pour s'adapter au climat. Aujourd'hui, elle se sent même peut-être heureuse. Tout ça grâce à cette rencontre qui a changé sa vie ?

Mais tout à coup, elle sursaute. Le voilà de nouveau, ce cri étrange et terrible ! C'est encore derrière le musée. La panique lui serre le cœur.

« La porte, mon Dieu, la porte ! », pense-t-elle.

Les mains tremblantes, elle prend la clé de la poche de son pantalon, ferme la porte avec violence et tourne la clé deux fois dans la serrure. Pendant des secondes, elle reste sans bouger dans la salle et ne perd pas la porte de vue. Encore une fois, elle entend ce terrible cri. Puis le calme revient.

« Appeler au secours, se dit-elle. Mais où est mon portable ? »

Et elle commence à fouiller dans son sac. Il est donc toujours… Tout à coup quelque chose gratte et frappe à la porte. Anne réprime un cri et saute derrière une vitrine. Puis, tout redevient calme. Des secondes passent. Elle espère que tout cela va bientôt finir, que c'est un mauvais rêve, quand soudain on recommence à frapper à la porte et elle entend deux voix.

– Non, non, non, je te répète… chaque après-midi de 15 à 17 heures… et il est déjà 15 h 10. On voit bien qu'on est à la Martinique…, dit une voix de femme.

– Tu en as des préjugés, toi, répond une voix d'homme.

Anne se sent soulagée, ce sont des touristes. Lentement, elle va vers la porte et l'ouvre prudemment.

– Ah, il y a donc quelqu'un ici, dit un monsieur d'un certain âge. Gisèle, viens, on va visiter le musée. Quand on est à la Martinique, on est bien obligés de regarder cette exposition, n'est-ce pas, mademoiselle ?

1 **constater** remarquer – 12 **une clé** Schlüssel – 13 **avec violence** de façon brutale – 13 **une serrure** ce dans quoi on met une clé – 14 **ne pas perdre qc de vue** regarder qc tout le temps – 18 **fouiller** chercher – 19 **gratter** kratzen – 20 **sauter** *ici:* aller très vite – 27 **un préjugé** qc que l'on pense savoir à propos de qc que l'on ne connaît pas – 29 **prudemment** de façon très discrète, sans se faire voir – 30 **être d'un certain âge** qui commence à être vieux – 32 **être obligé de faire qc** devoir faire qc

Anne ne répond pas. Elle repense à tout ce qu'elle vient de vivre. Devrait-elle leur demander du secours ? Ils ont peut-être remarqué quelque chose de suspect devant le musée.

Elle hésite. Mais non, ils vont la prendre pour une folle.

5    – Vous ne vous sentez pas bien ? demande tout à coup le monsieur.

   – Aujourd'hui, il fait si lourd, n'est-ce pas ? remarque sa compagne et elle essuie la sueur de son front.

   – Tiens Gisèle, ça t'intéresse sûrement, cette machine à coudre.

10      Regarde, elle est complètement carbonisée. Et ce fer à repasser !

Lentement ils vont de vitrine en vitrine.

« Si ce bruit étrange recommence maintenant, j'aurai deux témoins, deux qui ne se moqueront peut-être pas de moi comme Félix, pense Anne. Oh, de toute façon, quand il y a quelqu'un, rien ne se passe !

15 C'est toujours quand je suis toute seule ! »

Après une demi-heure, les deux touristes repassent devant Anne. Ils ont l'air contents.

   – Ces objets exposés et les documentations sont vraiment très intéressants. Merci beaucoup, mademoiselle, dit le couple en

20      partant.

Anne est de nouveau seule. Elle va à la porte et respire la brise fraîche qui souffle de la mer.

   – Coucou, ma petite princesse, dit tout à coup une voix familière.

Anne se sent rougir.

25    – Pa… Patrick, dit-elle. Qu'est-ce que tu fais là ?

   – Comme tu es jolie, dit Patrick en souriant et il l'embrasse très légèrement sur la joue.

Anne ne se défend pas, elle n'a pas la moindre force de résister. Avec ce garçon, elle n'y comprend rien. Elle sent seulement son cœur qui

30 bat très fort dans sa poitrine.

   – On va danser ce soir ? demande Patrick.

Anne hésite.

---

7 **lourd, e** *ici:* un temps *humide* (feucht) et chaud – 8 **essuyer** abtrocknen – 8 **la sueur** l'eau qui sort du corps quand on a trop chaud – 8 **un front** Stirn – 9 **une machine à coudre** Nähmaschine – 10 **carbonisé, e** brûlé – 10 **un fer à repasser** Bügeleisen – 23 **familier, -ère** que l'on connaît, que l'on a déjà rencontré – 24 **rougir** devenir rouge – 27 **une joue** Backe – 28 **se défendre** résister – 30 **une poitrine** *ici:* la partie du corps dans laquelle est le cœur (Brustkorb)

– Euh, euh… euh, non… euh… ce soir, je ne peux pas. J'ai déjà quelque chose.

Patrick regarde Anne dans les yeux et passe légèrement la main dans ses cheveux.

5  – Alors, une autre fois !

Anne est émue, ce garçon la trouble, ce n'est pas comme avec Félix. Elle reste debout à la porte du musée. C'est ça, le coup de foudre ? Elle ne peut s'empêcher de le regarder disparaître dans une des petites rues du quartier et elle se remet à rêver. Et puis, son regard
10  se pose sur la baie, les petites maisons, les palmiers, la plage…

Tout à coup, elle n'en croit pas ses yeux… mais c'est Félix ! Oui, c'est bien Félix qui se promène main dans la main avec une jeune fille. Ils se dirigent vers la plage.

« Il cache vraiment bien son jeu, celui-là », pense-t-elle.

15  Quelques secondes plus tard, elle est en colère contre elle-même : elle n'est pas un peu jalouse, quand même ?

« Anne, tu es bête, tu as Patrick et il est bien plus séduisant que Félix. »

À cette pensée, elle se sent à nouveau légère et très heureuse.

20  Zzzzzzz… Voilà ce bruit qui recommence. Anne est paniquée et se met à respirer très vite et fort. À nouveau ce bruit étrange, et elle est seule…

Quelques femmes passent devant le musée en parlant fort et en faisant de grands gestes. Anne veut crier pour demander du secours
25  mais elle reste debout comme paralysée à la porte du musée.

10  À cet instant, une petite voiture de sport, un cabriolet rouge s'arrête auprès d'elle.

– Patrick, Patrick ! Mais d'où viens-tu ? Vite, vite, j'ai besoin d'aide.

– Mon Dieu, qu'est-ce qui s'est passé ? Tu as été attaquée ?

30  Il descend et la prend dans ses bras.

– Patrick, il y a quelque chose de bizarre derrière le musée, dit-elle en bégayant.

– Derrière le musée ? demande-t-il visiblement curieux.

---

6 **ému, e** qui sent une émotion très forte – 8 **s'empêcher de faire qc** se retenir de faire qc – 14 **cacher son jeu** ne pas se monter comme l'on est vraiment – 25 **paralysé, e** qui ne peut pas bouger – 33 **visiblement** d'une façon qu'il est facile de voir

– Oui, j'ai entendu des bruits bizarres. Patrick, Patrick, j'ai besoin de toi. Aide-moi, s'il te plaît. Peut-être que ce sont des serpents ou… je ne sais pas, moi.

– Ah non, dit-il en riant, il n'y a pas de serpents en ville.

5 – Mais… mais crois-moi, il se passe quelque chose dans ce quartier et tout ça me fait peur.

Elle le regarde d'un air suppliant.

– Il y a des bruits… des bruits de…

– … de machine peut-être ?

10 – Non, non, c'est comme un cri. Un cri étrange.

– Ben, c'est peut-être des cris d'animaux, probablement des chats. Tu sais, il y en a partout ici.

Anne secoue légèrement la tête.

– Non, non, Patrick, ce ne sont pas des chats.

15 – C'est quoi alors à ton avis ? Si ça peut te faire plaisir et te calmer, je vais aller regarder autour du musée. Et je te promets que si je trouve quelqu'un, je l'attrape, dit Patrick d'un air décidé et il disparaît derrière le musée.

– Fais bien attention, lui crie-t-elle.

20 Elle attend son retour, plongée dans ses pensées. Il a bien dit « si je trouve quelqu'un ». Pourquoi quelqu'un ?

Au bout de quelques minutes, Patrick revient. Il regarde Anne, perplexe.

– Je n'ai rien vu de suspect. Oh tiens, il y a des touristes qui arrivent.

25 Ils veulent sans doute visiter le musée. Je viens te chercher ce soir à 5 heures.

Grâce aux nombreux touristes, l'après-midi passe vite. À 5 heures précises, le cabriolet rouge s'arrête devant le musée.

– Alors, ça va ? Tu as passé un bon après-midi ? Et ces bruits, ils

30 sont revenus ? demande-t-il.

– Cet après-midi, tout a été très calme, j'ai eu le temps de passer un petit coup de fil à mon père, il va mieux mais…

Patrick lui coupe la parole.

---

7 **suppliant, e** flehend – 32 **un coup de fil** un coup de téléphone – 33 **couper la parole à qn** ne pas laisser qn finir de parler et commencer à dire qc

– Donc, tout va bien. Allez, viens, ferme vite la porte à clé, on part
pour Morne-Vert.

Bientôt, ils arrivent au Carbet où ils prennent la route qui monte
vers l'intérieur de l'île.
5 – Oh zut, un bouchon, s'écrie Patrick. On avait bien besoin de
ça…
– Il y a eu un accident ? demande Anne.
– Sais pas, on pourrait faire demi-tour et prendre une autre route.
À ce moment, une ambulance les croise. Elle roule à toute vitesse
10 avec sirène et girophare. Et voilà les doutes d'Anne qui remontent à
la surface. Elle respire à fond.
« Elle vient de Morne-Vert, pense-t-elle. Qu'est-ce qui a pu se
passer ? Quelqu'un a encore été mordu par un serpent ? »
Elle frissonne. Cette histoire de serpents ne la quitte pas.

15 De la musique bruyante sort de la voiture qui roule derrière eux.
Des jeunes rient et semblent bien s'amuser. Anne les trouve
insupportables ! Elle n'a pas du tout envie de rire, elle. Tout à coup,
la musique s'arrête et un speaker annonce d'une voix sonore :
« Attention ! Attention ! Après l'attaque brutale contre le biologiste
20 Dr. Levert ce matin, dans la forêt près de la « Trace » au nord de
Balata, la police recherche une femme grande et svelte aux cheveux
sombres. Au moment des faits, elle était vêtue de noir. Elle se
déplace probablement en break bleu foncé. Celui-ci a été vu pour
la dernière fois au nord de Balata vers 10 heures environ. Pour toute
25 information, veuillez vous adresser au commissariat proche de
votre domicile. »
– Patrick, tu as entendu ça ? Une femme a attaqué le Dr. Levert !
Une femme ! s'écrie Anne horrifiée.
– Oui, j'ai appris cette nouvelle aux informations ce matin. Tu vois,
30 dans notre belle île, il y a des crimes. Hélas, c'est la triste vérité,
répond Patrick qui regarde fixement devant lui.

---

5 **un bouchon** *ici:* ce qui arrive quand un groupe de voiture est bloqué et ne peut plus rouler (Stau) –
9 **rouler à toute vitesse** rouler très vite – 10 **remonter à la surface** *ici:* revenir – 15 **bruyant, e** qui fait
du bruit – 18 **sonore** klangvoll – 22 **au moment des faits** quand les choses sont en train de se passer –
23 **un break** Kombi – 23 **foncé, e** ≠ clair – 25 **s'adresser** demander – 25 **proche de** près de – 30 **une
vérité** qc qui est vrai

*Le jardin botanique de Balata*

Anne ne dit rien. Une femme aux cheveux sombres… Qu'est-ce qu'elle voulait au Dr. Levert, l'ami et le collègue de son père ? !

- C'est qui, ce Dr. Levert ? demande Patrick, Tu le connais ?
- Ben oui. Il est biologiste, comme mon père. Il adore la flore et la
<sub>5</sub> faune de la Martinique et lutte pour la protection de la nature. Il voudrait améliorer le sentier éducatif au pied des Pitons de Carbet. Il s'est toujours passionné pour cette région exceptionnelle avec le jardin botanique de Balata et la reproduction du Sacré-Cœur en pleine forêt vierge. Patrick, continue Anne, est-ce qu'on lui a
<sub>10</sub> frappé sur la tête avec un objet lourd ?
- Comment est-ce que je peux te répondre ? répond Patrick peu aimable. Je ne suis pas la Pythie !
Anne se sent de plus en plus mal. Il n'y a bientôt plus de bouchon et lentement, ils s'approchent du lieu de l'accident.
<sub>15</sub> - Tiens, quelqu'un est rentré dans un arbre. Toujours ces types qui roulent à une vitesse folle, remarque Patrick.

---

6 **améliorer** faire que qc devienne meilleur – 6 **un sentier éducatif** Lehrpfad – 6 **un piton** Bergspitze – 7 **se passionner pour qc** être très intéressé par qc – 7 **exceptionnel, le** extraordinaire – 9 **en plein** inmitten – 12 **aimable** gentil – 12 **la Pythie** un oracle qui a une réponse à tout

Anne se tait. N'est-ce pas la voiture du maire de Morne-Vert ?

– Mais qu'est-ce que tu as ? Ne prends pas tout au sérieux comme ça. D'ailleurs Dr. Levert a eu de la chance. Il est seulement légèrement blessé.

5 – Mais Patrick, cette femme ! Qui est-elle ?

– Quelle femme ? Allez, princesse, arrête de te tracasser. Tu vois la police fait tout pour la retrouver. Nous vivons sur une petite île. Je suis sûr que si cette femme existe, on la retrouvera bientôt. Tiens, regarde comme c'est beau, le coucher de soleil derrière la

10 montagne. C'est romantique, tu ne trouves pas ?

Après une petite pause, il ajoute :

– Maintenant, je te ramène à la maison. Tu passes une bonne nuit et tu oublies toutes ces histoires.

1 **un maire** le chef d'une mairie et de sa ville – 6 **se tracasser** s'inquiéter – 8 **bientôt** dans peu de temps – 9 **un coucher de soleil** le moment où le soleil se couche – 12 **ramener** faire revenir – 12 **passer une bonne nuit** bien dormir

*Bellefontaine*

# 7 Qui est Patrick ?

11

Deux semaines ont passé. Anne et Patrick sont devenus amis et se rencontrent chaque jour après le travail. Le père d'Anne est de retour de l'hôpital. La mère et la fille n'aiment pas trop aller dans le
5 jardin car la mère d'Anne a vu elle aussi une lance de fer qui lui a fait très peur. Alors Patrick aide de temps en temps à faire les travaux de jardin quand il a fini son travail dans une grande banque de Fort-de-France. Aujourd'hui, comme tous les jours à 17 heures précises, Anne attend le cabriolet rouge.

10 – Coucou, Anne, tu n'as pas envie de faire de la plongée avec moi ? dit tout à coup quelqu'un.
Anne se retourne et voit Félix.
– Non, Félix, non, répond-elle d'une voix glaciale. Tu peux aller faire de la plongée avec cette fille.
15 – Quelle fille ?
– Ne pose pas de questions idiotes, tu veux ?

---

3 **être de retour** être revenu – 13 **une voix glaciale** eisige Stimme

Anne est furieuse et se détourne de lui. Elle le laisse là, sur le trottoir et ne le salue même pas pour lui dire au revoir. Il doit enfin comprendre que son cœur appartient à Patrick. Elle se dirige vers le cabriolet rouge, embrasse Patrick et monte en voiture. Félix pousse alors un gros soupir et descend la rue vers la plage.

– Tiens, regarde ce que je t'ai apporté, dit Patrick avec un sourire. Je sais que tu adores ça.

– Oh ! Une noix de coco verte, dit Anne avec un grand sourire.

Elle prend la paille et savoure la boisson délicieuse et rafraîchissante.

– J'ai encore une surprise pour toi, ma douce. Demain, tu es libre et j'ai pris un jour de congé. Alors on pourrait partir pour Fort-de-France ensemble. Je passe te prendre à 10 heures.

– Oui, chef, répond Anne en riant.

Quand ils arrivent chez Anne, ses parents s'occupent déjà du dîner. Son père a allumé le barbecue dans le jardin et sa mère vient de finir une belle salade.

La soirée passe trop vite et vers 10 heures, Patrick dit au revoir pour rentrer dans son petit pavillon à la sortie du village.

– Tu es rayonnante, ma chérie, dit madame Vernier quand elle dessert la table et elle pose un baiser sur la joue de sa fille. Il est charmant, ce Patrick.

Anne sourit, demain elle va passer toute une journée avec le garçon de ses rêves.

2 **un trottoir** la partie d'une rue réservée aux gens qui marchent (Bürgersteig) – 3 **appartenir à** être à – 8 **une noix de coco** Kokosnuss – 9 **une paille** Strohhalm – 9 **savourer** aimer, trouver bon – 11 **rafraîchissant, e** erfrischend – 15 **un jour de congé** un jour où l'on ne doit pas travailler – 22 **un barbecue** un gril – 27 **desservir** ≠ mettre la table – 27 **un baiser** ce qu'on fait quand on embrasse qn

Le lendemain, Anne soigne sa tenue plus que d'habitude. Elle est très à l'heure au rendez-vous. Impatiente de revoir le jeune homme, elle est à 10 heures moins 10 devant la petite porte du jardin et elle attend.

5 – Salut, Anne, dit son voisin qui est en train de nettoyer sa voiture. Tu es chic aujourd'hui. Où est-ce que tu vas ?

– À Fort-de-France et…

– À Fort-de-France ? lui répond-il. Fais très attention là-bas.

Anne le regarde sans comprendre.

10 – Pourquoi ?

– On voit que tu n'as pas écouté les informations ce matin, continue-t-il. Un fourgon de transport a été attaqué ce matin vers 8 heures et le conducteur est grièvement blessé. Maintenant la police recherche une femme.

15 – Une femme ! s'écrie Anne et elle le regarde décontenancée.

À ce moment, une voiture s'arrête.

– Salut, ma princesse chérie, me voilà ! Tu montes dans mon carrosse ?

Pendant quelques secondes, Anne se sent sans forces, mais quand
20 Patrick l'embrasse, elle lui rend son baiser.

« Il faut savourer son bonheur et oublier cette femme, pense-t-elle, au moins aujourd'hui. »

Patrick démarre.

– Tu as des problèmes ? demande-t-il après un bon moment. Tu es
25 si calme…

– Eh bien, Patrick, tu sais, cette femme qui a attaqué le fourgon ce matin…

– Oh Anne, laisse tomber ! Il y a toujours et partout des méchants. Savourons donc cette journée ensemble et ne nous posons pas
30 de questions.

– Tu as raison, répond Anne pensive. C'est si beau, ici ! Mais pour combien de temps encore ?

– Qu'est-ce que tu veux dire ? demande Patrick tout étonné.

---

1 **soigner sa tenue** faire attention aux vêtements que l'on va porter – 1 **être à l'heure** ≠ être en retard – 2 **impatient, e** qui a du mal à attendre – 5 **nettoyer qc** faire que qc ne soit plus sale – 12 **un fourgon** un petit camion – 13 **être grièvement blessé, e** être blessé de façon très grave – 15 **décontenancé, e** qui ressent une grande surprise – 28 **laisser tomber** *fam* arrêter de faire qc – 33 **étonné, e** qui ressent de la surprise

– Si on construit ce village de vacances…

– Ça rapporte de l'argent, beaucoup d'argent, la construction d'un village de vacances, répond Patrick.

– Seul un employé de banque comme toi peut parler ainsi. Si ce projet aboutit, la nature est perdue ! À jamais ! Toute la flore et la faune… Je comprends les habitants de Morne-Vert qui se défendent de toutes leurs forces. Un hôtel de luxe tout près de la forêt vierge ! Non jamais !

– Ne t'inquiète pas. Rien n'est encore décidé et au fond, moi aussi, je suis contre. Mais parlons donc d'autre chose.

Ils roulent tranquillement sur la route panoramique. Ils traversent les villages de pêcheurs de Case-Pilote et Bellefontaine.

– Tiens, on est déjà à Schœlcher, dit Patrick.

Cette banlieue riche, dont l'ancien nom Case-Navire a été changé en l'honneur du libérateur d'esclaves Victor Schœlcher est caractérisée par des bâtiments modernes et de jolis villages de vacances situés au bord d'une belle plage bordée de palmiers.

– J'espère qu'on ne va pas avoir trop de mal à entrer à Fort-de-France, dit Anne. Tu sais, à cause de cette attaque contre le fourgon, il y a certainement des contrôles de police partout.

Fort-de-France, capitale de la Martinique se trouve au milieu de la plus grande baie de l'île. Le fort, construit sur un rocher qui s'avance dans la mer, sépare la baie des Flamands de la baie du Carénage où des navires de commerce et de croisière ont posé l'ancre. Des yachts sont amarrés devant le centre-ville. La ville a autrefois été construite en échiquier autour de la cathédrale. À l'arrière-plan, des collines très peuplées qui s'arrêtent au pied des pitons de Carbet dominent

---

2 **rapporter de l'argent** faire gagner de l'argent – 4 **un employé** une personne qui travaille pour une autre personne ou une société – 5 **aboutir** *ici:* connaître le succès – 5 **à jamais** pour toujours – 7 **de toutes ses forces** aussi fort que possible – 11 **une route panoramique** une route d'où l'on peut voir un très beau panorama – 14 **en l'honneur de** en hommage à – 15 **un libérateur** une personne qui rend possible une libération – 15 **un esclave** une personne dont on a volé la liberté (Sklave) – 15 **être caractérisé, e par qc** durch etw ausgezeichnet sein – 16 **un bâtiment** Gebäude – 18 **avoir du mal à faire qc** avoir des problèmes pour faire qc – 21 **le milieu** *ici:* Mitte – 22 **un rocher** une très grosse pierre (Felsen) – 22 **s'avancer** *ici:* ins Meer ragen – 23 **séparer** couper – 24 **un navire de croisière** *ici:* Kreuzfahrtschiff – 24 **poser l'ancre** pour un bateau s'arrêter – 25 **amarré, e** attaché – 26 **en échiquier** schachbrettförmig – 26 **à l'arrière-plan** derrière ce que l'on est en train de regarder – 26 **une colline** Hügel – 27 **peuplé, e** où vivent des gens – 27 **dominer** überragen

la ville. Fort-de-France forme avec le centre industriel de Lamentin une grande agglomération où vivent presque 200 000 personnes, la moitié de la population de l'île.

– Et bien, tu vois princesse, avec Patrick, pas de problèmes, on est
5    déjà à Fort-de-France. Espérons qu'il n'y a pas trop de circulation aujourd'hui. Tiens, j'ai une idée, ajoute-t-il après un moment.

– Tu as envie d'aller au carnaval la semaine prochaine ?
– Elle est super, ton idée ! répond Anne enthousiasmée. Je vais me faire couronner reine du carnaval. Et toi ?
10 – Je serai naturellement ton fidèle serviteur, ma chère petite princesse.
– Ou bien… je vais me déguiser en… diable et je vais envoyer mon prof de maths en enfer, continue Anne.

1 **un centre industriel** un endroit où se trouvent un très gros groupe de fabriques et d'industries –
2 **une agglomération** une ville – 5 **la circulation** tous les véhicules qui passent sur une route – 8 **se faire couronner** devenir un roi ou la femme d'un roi – 9 **une reine** la femme du roi – 10 **fidèle** qui sera toujours là pour vous quoi qu'il arrive (treu) – 10 **un serviteur** une personne dont le travail est de faire tout ce que lui dit une autre personne (Diener) – 12 **se déguiser** sich verkleiden – 12 **un diable** ≠ Dieu – 13 **l'enfer** *m* ≠ le paradis

   – Alors là, il faut attendre mardi gras. C'est le jour des diables
     rouges. Le lundi d'avant, tout est permis, on se déguise avec des
     costumes bizarres, effrayants ou simplement amusants. Mais le
     plus intéressant, ce sont les « mariages burlesques ».
5     Tu connais ?
   – Non, jamais entendu.
   – Des hommes déguisés en grosses femmes à la forte poitrine
     accompagnent des femmes déguisées en hommes maigres et
     faibles. Alors, c'est d'accord ? N'oublie pas notre rendez-vous la
10    semaine prochaine !

Enthousiasmée, Anne fait un petit signe de la tête.
   – Alors, c'est décidé, je viens te chercher au musée, dit Patrick et il
     commence à lire le texte d'une affiche :
« Venez assister au carnaval, un spectacle haut en couleurs, plein
15 de musique et de joie de vivre, car le mercredi des cendres, tout est

---

1 **mardi gras** Faschingsdienstag – 2 **tout est permis** on peut tout faire, rien n'est interdit – 3 **un costume** ce que l'on porte pour se déguiser – 3 **effrayant, e** qui fait peur – 3 **amusant, e** drôle – 4 **un mariage** la cérémonie pendant laquelle deux personnes se marient – 7 **fort, e** *ici:* gros – 7 **une poitrine** Brust – 14 **assister à qc** voir qc – 14 **haut en couleur** pittoresque – 15 **une joie** une euphorie – 15 **le mercredi des cendres** Aschermittwoch

fini. Et après un long cortège funèbre, on brûle « Sa Majesté », une grande poupée, le tout accompagné des cris et rires de nombreux diables et diablesses. »

– Patrick, Patrick, là, s'écrie Anne tout à coup.

5 – Qu'est-ce qu'il y a ? Tu es toute pâle.

– Sur l'affiche, là, cette femme ! Regarde le gros titre : « Qui connaît cette femme ? » C'est le portrait robot de la femme au visage pâle et aux cheveux sombres. Patrick, Patrick, c'est elle !

– Ben, ne t'inquiète pas. Tu vois bien que la police fait tout pour

10 la retrouver. Et on va la retrouver, c'est sûr. Crois-moi. Profitons bien de notre journée. Je t'offre quelque chose à boire ?

Anne ne répond pas. Elle est perdue dans ses pensées. Pourquoi cette femme doit-elle toujours surgir dans sa vie… toujours !

---

1 **un cortège funèbre** Trauerzug – 2 **une poupée** Puppe – 4 **s'écrier** crier – 6 **un gros titre** le titre de l'histoire la plus importante d'un journal – 10 **bien profiter d'une journée** passer la meilleure journée possible – 13 **surgir** venir

*Les cannes à sucre*

## 8 Un peu d'histoire !

12

Ils ont bien traversé Fort-de-France et la zone industrielle de Lamentin qui se trouve dans la seule grande plaine de l'île. À partir de là, de vastes champs de canne à sucre bordent la route.

5 – Zut, qu'est-ce qui se passe encore ?

Patrick a l'air très fâché.

Il grogne en montrant un policier qui vient lentement à la rencontre de la voiture et qui leur fait signe de s'arrêter.

– On avait bien besoin de ça !

10 Anne regarde son ami sans comprendre.

– Ça n'a pas l'air d'un accident, plutôt d'un contrôle de police, dit-elle.

– Je m'en doutais, murmure Patrick.

---

**3 une plaine** Ebene – **4 un champ** Feld – **4 border** être au bord de – **6 fâché, e** ≠ content – **7 grogner** murren – **7 venir à la rencontre de qc** venir en direction de qc – **13 se douter de qc** penser que qc est en train d'arriver sans en être sûr

Il ralentit et arrête la voiture sur le bas-côté. Le policier s'adresse à Patrick.

– Vos papiers, s'il vous plaît.

À quelques mètres de la voiture de Patrick, il y a une vieille voiture
5   dont descendent deux jeunes hommes qui n'inspirent pas confiance. Immédiatement, un agent commence à fouiller l'intérieur de la voiture, son collègue fouille le coffre et ouvre même le capot. Un autre policier observe attentivement la scène, la main à l'arme.

Le cœur d'Anne commence à battre très fort. Qu'est-ce qui se passe
10  ici ? Qu'est-ce que les policiers recherchent ? De la drogue ? La femme mystérieuse ? Et de nouveau le visage terrible surgit devant ses yeux. La voix peu aimable du policier la tire de ses pensées.

– Ouvrez le coffre !

Patrick fait ce que le policier demande.

15  – C'est tout bon, les jeunes, ajoute le policier. Et bonne route !

– Je l'espère bien, répond Patrick. Vous voyez bien que nous ne sommes pas des criminels, hein ?


Vite, il remonte en voiture et démarre. Anne le regarde furtivement. Pourquoi a-t-il réagi de façon si bizarre ? Pour la première fois, elle
20  a le sentiment de voir quelque chose de froid, même de brutal sur le visage de son ami. Mais en même temps, elle a honte de ses pensées. Non, non, ce n'est pas possible, lui qui est toujours si aimable, si serviable !

– Anne, tiens, regarde, dit-il tout à coup et il s'arrête à côté d'une
25  petite camionnette. On peut acheter de la canne pressée sur place. C'est rafraîchissant. Prends un gobelet.

– En effet, c'est délicieux. Tu es sympa de me faire connaître les trésors de l'île.

---

1 **ralentir** aller moins vite – 1 **un bas-côté** le côté d'une route – 1 **s'adresser à qn** parler à qn –
3 **les papiers** *mpl ici:* les papiers d'identité – 5 **ne pas inspirer confiance** wenig Vertrauen erwecken –
6 **immédiatement** tout de suite – 7 **un coffre** *ici:* la partie à l'arrière d'une voiture dans laquelle on
transporte des objets (Kofferraum) – 7 **un capot** la partie d'une voiture qui recouvre le moteur et que
l'on peut ouvrir (Motorhaube) – 8 **une arme** un objet qu'on utilise pour faire mal à qn – 15 **bonne route !**
faites un bon voyage ! – 18 **furtivement** d'une façon discrète et très rapide – 21 **avoir honte de qc** sich
wegen etw schämen – 21 **une pensée** ce que l'on pense – 23 **serviable** toujours prêt à aide – 25 **une
camionnette** un petit camion – 25 **la canne pressée** Zuckerrohrsaft – 25 **sur place** à l'endroit où qc est
vendu – 26 **un gobelet** Becher

– Maintenant plus personne ne va nous déranger. Allons vers les Trois-Îlets.

Le village qui a pris le nom de trois petits rochers dans la baie est joliment situé sur une colline. Il offre aux vacanciers non seulement
5 de nombreuses possibilités de baignade mais aussi un beau terrain de golf et un jardin botanique.

– OK, bonne idée !
– On pique-nique à la plage ou chez « Joséphine » ? propose Patrick
10 – « Chez Joséphine », c'est un resto sympa ?
– Pas un resto, mais une dame très connue. Tu ne la connais pas ? Réfléchis un peu. Tu as besoin d'aide ? Maintenant… elle a plus de… 200 ans !
– Tu n'as pas bientôt fini de te moquer de moi ? Tu es insuppor-
15 table !
– Viens, on va la voir.

À ces mots, Patrick prend une petite route et après quelques mètres, il montre un panneau « Domaine de la Pagerie ».

– Alors, tu comprends maintenant ? demande-t-il.
20 – Allez, Patrick, arrête de m'embêter avec tes blagues, ça suffit ! J'ai faim. Allons à la plage et laissons tomber cette Joséphine !

Finalement Patrick s'arrête près d'une ruine où il reste encore une grande cheminée.

– Tu sais ce que c'est ?
25 – Probablement une des anciennes sucreries de l'île, répond-elle ennuyée.
– Parfait. Tu ne trouves pas que c'est un site romantique ? Ces vestiges au milieu de cette verdure ? Et il y a encore quelque chose d'intéressant. Descendons. Regarde, ce sont les rigoles qui
30 servaient autrefois à l'écoulement de la mélasse.

4 **un vacancier** une personne qui est en vacances – 5 **nombreux. -euse** beaucoup – 5 **une possibilité** → possible – 5 **une baignade** ce que l'on fait quand on se baigne – 11 **connu, e** que l'on connaît – 18 **un panneau** Schild – 18 **un domaine** *ici:* Familienbesitz – 20 **embêter** ≠ amuser – 23 **une cheminée** dans une maison, l'endroit dans lequel on fait du feu – 25 **ancien, ne** *ici:* qui est vieux et qui ne fonctionne plus – 25 **une sucrerie** une fabrique dans laquelle on fait du sucre – 26 **ennuyé, e** qui trouve le temps long, qui veut faire autre chose – 27 **un site** un endroit – 28 **un vestige** une ruine – 28 **la verdure** des plantes (→ vert) – 29 **une rigole** Rinne – 30 **servir à qc** être utilisé pour faire qc – 30 **un écoulement** Abfluss

– De la quoi ? demande Anne.

– Tu vas encore me dire que je t'ennuie, mais bon… Après la récolte, les tiges de canne sont hachées et pressées. Le jus ainsi produit passe par plusieurs filtres. On fait chauffer le liquide clair dans de grands chaudrons, il s'évapore et le sucre se cristallise. Après ça, des centrifugeuses séparent les cristaux de sucre du reste, donc de la mélasse.

– Fini, monsieur le prof ? demande Anne. Je ne suis pas à l'école. Et tu ne comprends toujours pas que j'ai faim ?

– Ben si ! Mademoiselle Anne a très faim et je l'ennuie avec mes explications. Mais avant, allons voir Joséphine.

De très mauvaise humeur, Anne le suit vers un ancien moulin à sucre qui est aménagé en salle d'accueil pour les visiteurs. Ils entrent.

– Napoléon et Joséphine !, s'écrie Anne quand elle remarque une grande peinture qui représente l'Empereur et l'Impératrice. Mais pourquoi ici en Martinique ?

2 **ennuyer qn** faire que qn soit ennuyé – 2 **une récolte** une opération pendant laquelle on ramasse des fruits ou des légumes (Ernte) – 3 **une tige** Stiel – 3 **un jus** ce qu'on a après que qc ait été pressé (Saft) – 3 **produit, e** fait – 4 **chauffer** faire devenir chaud – 4 **un liquide** Flüssigkeit – 5 **un chaudron** un gros instrument de cuisine dans lequel on fait chauffer un liquide (Kessel) – 5 **évaporer** faire chauffer un liquide jusqu'à ce qu'il devienne un gaz – 12 **une humeur** Laune – 12 **un moulin à sucre** l'endroit où l'on fait sortir le sucre de la canne (Zuckermühlen) – 13 **aménagé, e** eingerichtet – 16 **représenter** *ici:* montrer – 16 **un empereur** Kaiser – 16 **une impératrice** la femme de l'empereur

– Marie-Joseph Rose Tascher de la Pagerie est née ici et elle a passé toute sa jeunesse au milieu de plantations de sucre, de cacao et de café, explique Patrick. En 1779, elle a quitté la Martinique pour épouser à l'âge de 16 ans le général Alexandre de Beauharnais.

5 Mais ce mariage d'où sont nés le prince Eugène et la reine Hortense n'était pas heureux. Au bout de trois ans, le couple s'est séparé. Marie-Joseph est retournée à la Martinique pour la quitter de nouveau peu de temps après.

Quand Beauharnais a dû monter sur l'échafaud, elle s'est

10 tournée vers Napoléon qui l'adorait et la comblait de lettres d'amour passionnées. Finalement, Marie-Joseph Rose Tascher a épousé le général Bonaparte le 9 mars 1796 et elle a pris le nom de Joséphine par la décision de son époux.

– Ah, maintenant je me rappelle l'image dans mon livre d'histoire.

15 Couronné Empereur, Napoléon met la couronne sur la tête de son épouse qui est à genoux devant lui, dit Anne.

– Maintenant, moi, je vais mettre un diadème de fleurs sur la tête de ma princesse, dit Patrick.

Et il fixe deux petites branches de bougainvilliers dans les cheveux

20 d'Anne.

– Et à l'occasion de chaque mariage, ici, en Martinique, on mange beaucoup de bonnes choses. Tu veux la voir, ma surprise ?

Patrick sort de la voiture une glacière avec des boissons rafraîchissantes et un sac plein de fromage, de jambon, d'œufs et

25 de pain. Et comme dessert, il y a des tranches de papaye, du melon, de l'ananas frais et des mangues.

– On s'installe près du petit musée, propose-t-il. Dans ce musée sont exposés toutes sortes d'objets : du lit d'enfant de Joséphine jusqu'au masque mortuaire de Napoléon. Alors bon appétit,

30 princesse, dit Patrick.

– Formidable, répond Anne et elle le regarde tendrement.

4 **épouser** prendre un mari ou une femme – 6 **au bout de** après, à la fin de – 6 **un couple** *ici:* deux personnes qui sont mariées – 7 **se séparer** ≠ épouser – 9 **un échafaud** une haute structure sur laquelle on *exécute* (hinrichten) les gens – 9 **se tourner vers qn** *ici:* sich jdm zuwenden – 10 **combler qn de qc** donner à qn beaucoup de qc – 11 **passionné, e** → passion – 13 **une décision** ce que l'on a choisi de faire – 13 **un époux** un mari – 15 **une couronne** ce qu'un roi porte sur la tête (Krone) – 16 **une épouse** la femme de l'époux – 16 **être à genoux** Knien – 19 **une branche** *ici:* Zweig – 21 **à l'occasion de** pour – 23 **une glacière** Kühlbox, Kühltasche – 24 **un sac** Beutel – 29 **un masque mortuaire** un masque qui est la copie du visage de qn qui vient de mourir – 31 **tendrement** avec amour

*Le musée du Domaine de la Pagerie*

## 13

Après une longue pause, Patrick reprend doucement :

– Dis, Anne… Un beau mariage, un déjeuner romantique, des fleurs exotiques mais… il manque quelque chose, non ?

– Quoi ? demande-t-elle.

5 – Un diamant peut-être ? Viens, je vais t'en montrer un.

– Un diamant ? Tu veux m'offrir un vrai diamant ?

Anne le regarde, elle est sceptique…

*La Grande Anse*

1 **doucement** *ici:* à voix basse – 7 **sceptique** qui ne croit pas ce qu'on lui dit

Vite, ils remettent tout dans la voiture et les voilà partis en direction de l'intérieur de l'île. En chemin, ils voient de grands troupeaux de vaches entre les collines. Ils passent Morne Bigot (460 m) d'où on a une vue splendide sur la Pagerie, Fort-de-France et le Mont Pelé et arrivent peu de temps après au joli village de pêcheurs Grande Anse dont les couleurs ont inspiré le peintre Gauguin. Le village voisin, les Anse d'Arlets, est aussi très charmant avec ses maisons en bois multicolore.

*Anse d'Arlets*

La route continue, contourne le Morne Larcher et les voilà soudain devant un panorama extraordinaire : sur la mer d'un bleu profond se détache un rocher solitaire : le rocher du Diamant. Ce reste volcanique haut de 176 m est couvert de broussailles et de cactus et sert de refuge à de nombreux oiseaux de mer.

– Il a la forme d'une pierre précieuse, hein ? dit Patrick

---

1 **remettre** → mettre – 2 **un troupeau** un groupe – 4 **splendide** très beau – 6 **inspirer** donner l'inspiration – 6 **un peintre** un artiste qui peint – 9 **contourner** passer autour de qc, éviter qc – 9 **soudain** tout à coup – 10 **profond, e** *ici:* foncé – 11 **se détacher** se laisser voir, se laisser remarquer – 11 **solitaire** seul – 11 **un reste** ce qui reste de qc – 12 **une broussaille** Gestrüpp – 13 **un refuge** un endroit où l'on peut rester et où l'on ne risque rien – 14 **une pierre précieuse** un cristal qui vaut très cher (Edelstein)

– Que c'est beau ! répond Anne qui regarde la mer, étonnée. On peut y aller ?

– Oui, on peut prendre un bateau, mais c'est dangereux à cause des courants. On n'est pas bien ici ? C'est pas beau, ce spectacle ?

5 Patrick serre Anne tout contre lui.

– Faire une promenade en mer, seulement nous deux…

Anne regarde l'horizon, rêveuse et nostalgique.

– Voilà donc un bateau… un bateau fait pour rêver. Imagine la scène : tu es au début du XIXᵉ siècle… continue Patrick. À cette
10 époque-là, le rocher « His Majesty's Ship Diamond Rock » était une forteresse anglaise munie de canons. Environ 200 marins ont défendu ce vaisseau immobile qui a finalement été pris par les Français en 1805 – mais seulement à cause d'une ruse. Comme on le raconte, les Français ont laissé échouer au pied du rocher
15 quelques barriques pleines du meilleur rhum. Les Britanniques

---

4 **un courant** Strömung – 7 **rêveur, -euse** qui se laisse rêver quand il voit qc de beau (verträumt) –
11 **une forteresse** un fort – 11 **muni, e de qc** avec qc – 12 **un vaisseau** un bateau – 12 **immobile** qui ne
bouge pas – 12 **pris, e** *ici:* eingenommen – 13 **une ruse** List – 14 **échouer** *ici:* arriver sur une côte où une
plage – 15 **une barrique** Fass

qui étaient assiégés depuis 17 mois sur le rocher n'ont pas pu résister à la tentation…

– Je ne sais pas trop si ça m'intéresse, toutes ces histoires… dit Anne.

5 – Bon, bon, et bien, moi, je crois que je ne peux pas résister à la tentation d'aller avec toi dans une boîte sympa. Il y en a une tout près de Fort-de-France. Ça te dirait ?

Anne accepte. Lorsqu'ils arrivent, un groupe de musiciens divertit les spectateurs en plein air. Anne et Patrick profitent encore bien de la
10 soirée et de l'ambiance en dansant comme des fous et en savourant quelques-uns de ces délicieux cocktails de fruits tropicaux. À 10 heures, les premiers hôtes commencent à partir.

– Rentrons aussi, dit Patrick. Je travaille demain. Pas toi ?

– Ben non… Dommage, j'aurais pu danser encore beaucoup plus
15 longtemps avec toi…

Le lendemain matin, Anne prend le petit déjeuner avec ses parents quand le téléphone sonne. C'est sa meilleure copine Louise qui l'invite à faire du shopping à Fort-de-France. Anne est libre ce matin et elle accepte volontiers. Quelle journée en perspective !
20 Le matin elle ira en ville avec sa copine et le soir, elle sortira avec Patrick.

---

1 **assiégé, e** être attaqué par qn qui ne peut pas entrer où vous êtes (belagert) – 2 **résister à la tentation** ne pas vouloir faire qc même si on en a envie – 6 **une boîte** *ici, fam:* une discothèque – 7 **dire à qn** *ici:* plaire à qn – 8 **divertir** amuser – 9 **en plein air** dehors – 10 **une soirée** → soir – 10 **une ambiance** une atmosphère – 10 **comme des fous** *fig* longtemps et avec beaucoup d'énergie – 11 **délicieux, -euse** très bon – 12 **un hôte** une personne qui a été invitée – 19 **volontiers** gern

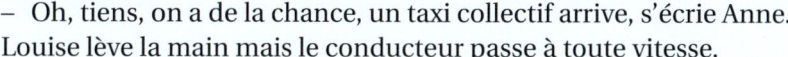

*L'hôtel de ville de Fort-de-France*

# **9** Cauchemar à Fort-de-France

14

Vers 10 heures, Anne et Louise se baladent sur la route principale.

– Oh, tiens, on a de la chance, un taxi collectif arrive, s'écrie Anne.

5  Louise lève la main mais le conducteur passe à toute vitesse.

– Pas de chance, complet, constate Louise. Marchons encore un peu. J'espère que le prochain va nous prendre.

Et en effet, quelques minutes après, un autre taxi arrive à la hauteur des jeunes filles. Il s'arrête et Anne et Louise montent. Louise trouve

10  encore un peu de place sur les sièges arrière, et Anne doit se faire toute petite pour trouver sa place entre deux dames corpulentes avec d'immenses corbeilles sur les genoux.

---

3 **principal, e** le plus important – 4 **un taxi collectif** un taxi pour plusieurs personnes à la fois –
6 **complet, e** *ici:* plein de gens, où il n'y a plus de places – 8 **à la hauteur de** *ici:* près de – 10 **un siège**
une chose sur laquelle on peut s'asseoir – 12 **immense** très grand – 12 **une corbeille** Korb

Quand le chauffeur prend les virages un peu trop vite, tout le monde est chahuté. Après environ 30 minutes, le taxi arrive au port.

– Ouf, dit Anne quand elle descend. Cette musique dans le taxi ! J'en ai mal à la tête.

5 – Il va falloir t'y habituer. La musique fait partie de la vie en Martinique, dit Louise en riant.

Il reste très peu de monuments historiques dans la capitale. Les nombreux ouragans, les tremblements de terre et le grand incendie de 1890 ont presque tout détruit. Ce qui plaît bien à Anne, dans
10 cette ville, c'est la vie tourbillonnante, les marchés multicolores, les boutiques élégantes, et aussi les petits magasins qui vendent vraiment de tout.

– On passe d'abord par la Savane, propose Louise. J'adore flâner sous les palmiers royaux. Entre les arbustes en fleurs,
15 les bougainvilliers, les hibiscus, c'est toujours un spectacle formidable.

Elles passent devant la statue de Belain d'Esnanbuc, le premier colonisateur qui est arrivé en Martinique en 1635, et vont lentement au centre du parc.

20 – Aïe, s'écrie Anne tout à coup en mettant la main sur son dos.

– En plein dans le mille, ricane un garçon en levant les bras.

Anne réagit, rapide comme l'éclair et donne un grand coup de pied dans le ballon en direction de la bibliothèque Schœlcher.

– But numéro deux, dit Louise en éclatant de rire.

25 Puis elle regarde Anne l'air sérieux, elle fait semblant d'être indignée.

– Anne, tu n'as pas honte de jeter un ballon à la tête de l'Impératrice Joséphine ?

Mais celle-ci, en marbre de Carrare reste immobile, le regard porté
30 vers les Trois-Islets, sa terre natale.

---

2 **chahuté, e** durchschütteln – 7 **un monument historique** un bâtiment très vieux avec une grande *valeur* (Wert) historique – 8 **nombreux, -euse** dont il y a beaucoup – 8 **un incendie** un feu qu'on ne contrôle plus et brûle tout – 10 **tourbillonnant, e** *ici:* qui bouge beaucoup, qui est très actif – 14 **flâner** se promener – 14 **royal, e** du roi – 14 **un arbuste** un très petit arbre – 14 **en fleur** fleuri – 18 **un colonisateur** → coloniser – 21 **en plein dans le mille** Volltreffer – 21 **ricaner** *ici:* rire de façon méchante – 22 **rapide comme l'éclair** *fig* qui va très vite – 22 **un coup de pied** Tritt – 24 **un but** *ici:* Tor – 24 **éclater de rire** tout à coup commencer à rire – 26 **indigné, e** choqué – 29 **le marbre** une sorte de pierre dont on se sert pour faire les statues (Marmor) – 29 **immobile** qui ne bouge pas – 29 **un regard** la direction dans laquelle on regarde – 29 **porté, e** *ici:* en direction de – 30 **une terre natale** l'endroit où l'on est né

– Ouais, pas mal, dit le garçon, qui prend son ballon et retourne vite vers son copain.

– La bibliothèque Schœlcher, chaque fois que j'y passe, je me dis qu'elle est tape-à-l'œil… avec toutes ces couleurs, fait remarquer Louise.

– Moi, je la trouve plutôt intéressante, répond Anne. Pendant l'exposition universelle de 1889 à Paris, c'était un pavillon ultramoderne qui représentait les colonies françaises. La construction en métal, comme celle de la tour Eiffel, et surtout la coupole en verre, tout ça, c'était simplement révolutionnaire à cette époque.

– Ben moi, je ne sais pas, dit Louise en regardant le bâtiment. Je crois que je l'aurais laissée à Paris, et pas démontée, transportée ici et reconstruite ici. Quel travail !

– C'est quand même un bâtiment important dans l'histoire de l'île. C'était autrefois la bibliothèque privée de Victor Schœlcher, cet Alsacien qui a lutté contre l'esclavage. Elle comprenait plus de 10 000 œuvres, continue Anne. Tu te rends compte ?

– Oui et alors ? Elles ont presque toutes brûlé en 1890, réplique Louise. Dis Anne, on est venues à Fort-de-France pour faire du shopping et pas pour discuter de la bibliothèque Schœlcher !

– Bon, bon, tu as raison, alors tournons dans cette petite rue-là. Regarde, le spectacle a l'air intéressant.

Le trottoir étroit est bloqué par l'étalage de nombreux vendeurs à la sauvette : des poteries, des sculptures en bois, des coquillages, des chaînes, des sandales, des T-shirts imprimés avec l'inscription « Martinique » et, et , et…

– Eh, Louise, regarde. Tu les vois, ces poupées aux jupes larges et multicolores avec un turban sur la tête ? dit Anne fascinée. Comme il est superbement noué !

---

4 **tape-à-l'œil** kitschig – 7 **l'exposition universelle** Weltausstellung – 8 **représenter** symboliser – 9 **une construction** ce qui a été construit – 10 **une coupole** Kuppel – 13 **démonter** ≠ construire – 17 **un Alsacien** une personne qui vient d'*Alsace* (Elsass) – 17 **l'esclavage** le fait de se servir d'esclaves – 17 **comprendre** *ici:* avoir – 18 **une œuvre** *ici:* un livre – 18 **se rendre compte** comprendre – 24 **étroit** où il y a peu de place – 24 **un étalage** l'endroit sur lequel on met ce que l'on veut vendre – 24 **un vendeur à la sauvette** une personne qui vend qc dans la rue et sans autorisation (Erlaubnis) – 25 **une poterie** Töpferware – 25 **un coquillage** Muschel – 26 **imprimé, e** sur lequel il y a un motif – 26 **une inscription** qc d'écrit – 28 **une jupe** Rock – 30 **noué, e** attaché

– Le turban fait partie
des anciens costumes
traditionnels que nous
portons seulement les jours
5   de fête, raconte Louise. Le
« madras », ce tissu en coton
aux carreaux multicolores
est originaire de la ville du
même nom au nord-ouest
10   de l'Inde. Et puis, il y a
encore une particularité. Le
turban révèle ta situation
sentimentale.

– Comment ça ? demande
15   Anne.
– C'est tout simple. Une pointe
au madras signifie « mon
cœur est libre », deux pointes
signifient « mon cœur est
20   engagé mais vous pouvez tenter votre chance », trois pointes
« femme mariée, mon cœur est pris » et quatre pointes « mon
cœur est immense, il y a de la place pour qui le désire ».
– Ah, génial, le système, dit Anne. Alors, toi, tu portes une pointe.
Ou je me trompe ?
25   Les deux amies se regardent et éclatent de rire.
– Mais je dois dire qu'aujourd'hui, ce langage de signes n'est plus
vraiment compris, ajoute Louise. À propos, si tu t'intéresses aux
« traditions », je peux te montrer quelque chose qui va te plaire.

Au bout de la rue, les deux amies découvrent une petite boutique.
30   Elles entrent et demandent une brochure sur laquelle sont
écrits en grandes lettres les mots suivants « Bijoux et vêtements

---

6 **le coton** Baumwolle – 7 **un carreau** Karo – 8 **être originaire de** être né à – 11 **une particularité** qc
de spécial que l'on ne trouve pas ailleurs (Besonderheit) – 12 **révéler** montrer, dire – 12 **une situation
sentimentale** le fait d'avoir ou non, un amoureux ou une amoureuse  – 16 **une pointe** Spitze –
20 **engagé, e** *ici:* pris – 24 **se tromper** dire sans le savoir qc qui n'est pas exact – 26 **un langage** une
langue, un code – 26 **un signe** Zeichen – 29 **au bout de qc** à la fin de qc – 29 **découvrir** trouver

traditionnels ». La vendeuse qui est ravie de voir des jeunes filles si intéressées, commence à leur parler.

– Sur la brochure, vous voyez des reproductions des bijoux en or que les femmes gardaient soigneusement et sortaient de leur
5   coffret à bijoux seulement à l'occasion des grandes fêtes… car le bijou était la richesse de tous ceux qui, autrefois, n'avaient pas le droit de posséder de biens, les esclaves. Et c'étaient surtout les esclaves favoris qui les recevaient de leur maître.

Son regard se pose alors sur une chaîne aux pierres de couleur
10   turquoise.

– Elle est chic, cette chaîne, elle va bien avec mon nouveau T-shirt. Qu'est-ce que tu en penses, Louise ?
– Oui, pas mal, mais je préfère celle aux pierres roses.

Anne prend la chaîne, la met autour du cou et se regarde dans le
15   miroir.

– Elle me plaît beaucoup. Elle coûte combien ?
– C'est un bijou fantaisie, dit la vendeuse. Allez ! Je vous la fais pour… 15 euros.
– 10 euros, c'est mon dernier prix, dit Anne.
20   – D'accord, alors… emportez-la pour 12 euros. C'est bien parce que c'est vous…
– Parfait, je la prends… et aussi ce joli chapeau !
25   Anne paie et les deux amies quittent la boutique.

1 **être ravi, e** être très content – 4 **soigneusement** en y faisant très attention – 5 **un coffret à bijoux** une boîte dans laquelle on range ses bijoux – 5 **à l'occasion de** pour, quand qc se passe – 6 **une richesse** → riche – 7 **posséder qc** avoir qc – 7 **un bien** qc dont on est le propriétaire – 8 **favori, e** préféré – 8 **un maître** *ici:* la personne qui donne qui possède un esclave – 15 **un miroir** un objet dans lequel on peut se voir soi-même (Spiegel) – 19 **un prix** *ici:* ce que qn demande pour vendre qc – 20 **c'est bien parce que c'est vous…** je fais qc seulement parce que je vous aime bien

# 10 Un grand chagrin d'amour

– Ben, qu'est-ce qu'il fait là ? Regarde, c'est « ton » Patrick, remarque
5 Louise tout à coup en montrant du doigt l'autre côté de la rue. Il semble être très pressé !

– Qu'est-ce qu'il fait ici à
10 cette heure ? Il ne travaille pas ?

– Ben, t'as qu'à lui demander.

– Patrick, Patrick ! s'écrie
15 Anne, mais le bruit dans la rue couvre ses paroles.

Vite, il se fraie un chemin parmi la foule, il traverse un carrefour au feu rouge, tout
20 en ignorant les conducteurs qui klaxonnent comme des fous. De l'autre côté de la rue, il bouscule une dame âgée qui manque de tomber.

25 – Dis donc, il est pas du tout sympa, « ton » Patrick

*La cathédrale Saint-Louis à Fort-de-France*

aujourd'hui ! remarque Louise. Pourquoi est-ce qu'il est si pressé ? Pourquoi est-ce qu'il ne travaille pas ?

– Je sais pas… Il a peut-être fini son travail… dit Anne qui n'en croit
30 pas ses yeux.

– Suivons-le, décide Louise.

– OK, dit Anne qui veut savoir.

---

17 **se frayer un chemin** sich einen Weg bahnen – 18 **parmi** dans – 20 **ignorer** *ici:* faire comme si qc ou qn n'était pas là, ne pas faire attention à qc ou qn – 21 **klaxonner** hupen – 23 **âgé, e** vieux – 24 **manquer de faire qc** presque faire qc – 31 **décider** choisir

Les deux jeunes filles se mettent à courir, mais bientôt, elles le perdent de vue.

– Je le vois là, devant la cathédrale, s'écrie Anne.

– Où ?

5 – Là… devant le clocher. Vite, courons !

Elles s'approchent du simple bâtiment avec son clocher haut de 60 m. Les six églises qui existaient avant ont toutes été détruites par des catastrophes naturelles comme des ouragans, des tremblements de terre et des incendies. Le terrible tremblement de terre de 1953

10 a déséquilibré dangereusement le clocher qui a été renforcé par du béton armé et fixé en profondeur à 42 m dans le sol.

Pendant la poursuite dans les ruelles, elles remarquent que la ville devient de plus en plus pauvre.

– Je n'ai jamais été dans ces quartiers, avoue Louise.

15 – Moi non plus, répond Anne. Qu'est-ce que Patrick peut donc bien faire dans ce quartier ? pense-t-elle en frissonnant.

Tout à coup, il ralentit et disparaît dans l'une de ces maisons délabrées. Anne et

20 Louise se cachent derrière une voiture et attendent un moment.

Puis, prudemment, elles s'approchent de la maison.

25 Machinalement, le regard d'Anne tombe sur la porte derrière laquelle Patrick a disparu. Le bois est rongé par le temps et la peinture a

30 disparu en plusieurs endroits.

2 **perdre qn de vue** ne plus voir qn – 5 **un clocher** la tour d'une église, là où sont les *cloches* (Glocke) – 10 **déséquilibrer** aus dem Gleichgewicht bringen – 10 **renforcé, e** rendre qc plus fort – 11 **le béton armé** un béton renforcé avec du métal – 11 **fixé, e** attaché – 11 **une profondeur** Tiefe – 11 **un sol** ce sur quoi on marche – 12 **une poursuite** le fait de suivre qn – 12 **une ruelle** une petite rue – 19 **délabré, e** qui commence à devenir une ruine – 25 **machinalement** qui est fait sans réfléchir

– Tiens, une arrière-cour avec une remise… Intéressant, dit
Louise et elle entraîne son amie derrière elle.

Anne jette un regard sur une petite fenêtre couverte d'un rideau,
puis elles se collent toutes les deux contre le mur de la pauvre
5 maison et elles avancent lentement, sans faire de bruit.

« Mon Dieu, à quoi ça ressemble ! pense Anne. Des ordures, des
vieux pneus, des outils rouillés, un vieux bidon bosselé. Qu'est-ce
que ça veut dire et quel est le lien avec Patrick ? »

Un cri strident venant de la maison voisine les fait s'arrêter… C'est
10 le cri d'une jeune fille… cri suivi de phrases incompréhensibles.
Une porte claque avec violence et une fille se précipite dans la rue.

– C'était quoi ? demande Anne.

– Sûrement une dispute familiale, répond Louise en haussant les
épaules.

15 Anne a du mal à continuer à avancer.

– Quelqu'un arrive. Vite, allons nous cacher dans la remise,
chuchote Louise qui regarde prudemment autour d'elle.

Une chance, la porte s'ouvre facilement et sans bruit.

Prudemment et lentement, elles entrent et attendent jusqu'à ce
20 que leurs yeux se soient habitués à l'obscurité. Puis Louise ferme
la porte.

– Si quelqu'un nous enferme maintenant, on est prises au piège,
dit Anne qui, malgré la chaleur, commence à grelotter.

– Chut, pas si fort, ils vont nous entendre, grogne Louise.

25 Elles examinent l'endroit. Au milieu de la remise, il y a une voiture…
un break bleu foncé. Louise saisit la poignée de la portière, mais elle
est fermée à clé.

– Rien d'extraordinaire, partons, dit Anne.

– Quoi ? Tu as bien dit « rien d'extraordinaire ? » répond Louise.

30 Dans la voiture, une grande caisse semble être cachée sous des
couvertures.

---

1 **une arrière-cour** une cour à l'arrière d'une maison en ville – 2 **entraîner qn** *ici:* faire venir qn avec
soi – 3 **un rideau** un long morceau de tissu qui recouvre une fenêtre (Vorhang) – 4 **se coller** se mettre,
s'appuyer – 6 **une ordure** ce qu'on jette à la poubelle – 7 **un pneu** Reifen – 7 **un outil** un instrument
dont on se sert pour construire ou réparer qc (Werkzeug) – 7 **un bidon** Kanister – 7 **bosselé, e**
eingebeult – 8 **un lien** une relation – 9 **strident, e** très aigu – 10 **incompréhensible** que l'on ne peut pas
comprendre – 16 **une remise** une pièce faite pour y ranger des objets, voire un véhicule – 17 **chuchoter**
≠ crier – 20 **l'obscurité** *f* ≠ la lumière – 23 **grelotter** trembler – 30 **une caisse** une grosse boîte en bois

« Bizarre, pense Anne. On dirait qu'on transporte quelque chose clandestinement. Des objets volés peut-être ? »

Effrayée, elle ferme les yeux. Patrick… un voleur, un criminel… non, jamais ! Ce n'est pas possible, pas Patrick !

5 Louise trouve une autre caisse en bois et commence à fouiller.

– Eh tiens, qu'est-ce qu'il y a là ? Des plaques d'immatriculation… probablement falsifiées.

Tout à coup, elle s'arrête.

– Tu as entendu, toi aussi ?

10 Anne fait oui de la tête. Inquiètes, elles regardent fixement vers la porte de la remise.

– Rien, dit Louise après un moment. Ça vient probablement de dehors. Eh, regarde ! Un lion en peluche ! Qu'est-ce qu'il fait là ? Peut-être qu'on cache quelque chose dedans ?… Oh, il a un gros
15 bouton dans le ventre !

– N'appuie pas ! s'écrie Anne.

Trop tard… Dans la remise, on entend un cri terrible qui ressemble au rugissement du lion venant d'un haut-parleur installé dans le ventre de l'animal en peluche. Anne pousse un cri. Elle le reconnaît,
20 ce cri qui lui a fait peur bien des fois.

– Anne, tu es folle de crier comme ça. Tais-toi !

Anne est comme paralysée… Patrick est un criminel, il l'a terrorisée avec un simple lion en peluche ! Et en plus, il a abusé de ses sentiments.

25 Louise qui a continué à explorer la remise a trouvé une autre grande caisse en bois. Sur le couvercle de la caisse, plusieurs bidons d'essence, une grande pince étrange et une grosse corde ont attiré son attention.

– Viens, aide-moi, ordonne Louise.

30 Comme hypnotisée, Anne fait ce que Louise demande. Elles essaient ensemble de soulever le lourd couvercle, mais celui-ci cède seulement un peu.

---

2 **clandestinement** de façon illégale – 6 **une plaque d'immatriculation** Nummernschild – 7 **falsifié, e**
→ faux – 15 **un bouton** Knopf – 18 **un rugissement** un cri – 18 **un haut-parleur** un appareil qui change un signal électrique en son – 22 **terroriser qn** faire très peur à qn – 23 **abuser de qc** etw ausnutzen, missbrauchen – 25 **explorer** *ici:* fouiller – 27 **l'essence** *f* le liquide qui donne de l'énergie à un moteur (Benzin) – 27 **une pince** Zange – 27 **attirer l'attention de qn** faire que qn fasse attention à vous – 29 **ordonner** commander – 32 **céder** *ici:* s'ouvrir

– Encore un effort, dit Louise.

Finalement, la caisse s'ouvre lentement. Elles retiennent leur souffle.

– Rien que des vieux vêtements, remarque Louise déçue.

5 Elle commence à fouiller dans la caisse.

– Oh, j'ai touché quelque chose de dur… Un masque !!

Un visage de femme aux longs cheveux noirs les fixe de ses orbites vides.

– Je crois… j'ai… j'ai mal au cœur, bégaie Anne.

10 « La 'morte' dans la mer, c'était un masque, rien qu'un masque ! C'est sûrement Patrick qui a jeté le masque à la mer, probablement pour effacer toute trace. La femme recherchée, ce n'est pas une femme… Oh non… c'est Patrick ! Et il a presque tué mon père ! Et M. Levert ! Patrick… un meurtrier… »

15 – Et voilà, encore un masque au visage de femme, s'écrie Louise et encore un.


Anne se cramponne au tas de caisses. Celui-ci cède sous son poids et s'écroule.

– Anne, qu'est-ce qui t'arrive ?

20 Louise la regarde effrayée. Derrière les caisses, il y a une grande pince en bois et une cage avec… deux lances de fer !

– Les serpents… bégaie Anne.

Complètement paniquée, elle veut se précipiter dehors, fait un faux pas et tombe.

25 – Tu n'aurais pas dû faire ça, princesse, tu n'aurais pas dû venir ici.

Deux mains la saisissent et la relèvent.

Paralysée de peur, Anne regarde le visage de Patrick, ces yeux sombres qui brillent dans l'obscurité de la remise.

30 – Tu n'aurais pas dû faire ça, répète-t-il à voix basse et menaçante.

– Lâche-moi, hurle Anne qui essaie de toutes ses forces de se libérer.

1 **un effort** Anstregung – 2 **retenir son souffle** *fig* avoir peur quand on fait qc et qu'on ne sait pas à quoi s'attendre – 4 **déçu, e** frustré, qui s'attendait à autre chose – 7 **une orbite** la partie du squelette dans laquelle se trouve un œil – 9 **avoir mal au cœur** avoir envie de *vomir* (erbrechen) – 12 **effacer** faire disparaître – 14 **un meurtrier** un assassin – 17 **se cramponner** s'agripper – 18 **s'écrouler** tomber – 27 **relever qn/qc** lever qn/qc après qu'il soit tombé

Il la pousse en direction du fond de la remise sans se laisser déconcerter, à l'endroit où sont les serpents. Il sort très vite et veut fermer à clé quand il entend la voix de Louise qui était sortie pour aller chercher de l'aide.

5   – Arrêtez ! Arrêtez tout de suite ! ordonne Louise. J'ai alerté la police !

Surpris, Patrick prend la fuite.

  – Viens, Anne ! On lui court après ! s'écrie Louise.

Mais Anne reste debout sans bouger. Elle tremble de tous ses 10 membres.

  – Viens vite ! crie Louise après un bon moment. Je n'ai pas appelé la police. J'ai oublié mon portable. Viens, il faut rentrer et prévenir les parents…

Le jour même, Anne et ses parents et Louise et sa mère ont fait une 15 déposition à la police. Ils ont tous accusé Patrick qui a été arrêté à l'aéroport de Fort-de-France. Il allait prendre l'avion pour la Guyane française.

Anne a été confrontée à la vérité choquante sur la vie de Patrick. Elle a eu du mal à se remettre de ce premier gros chagrin d'amour. 20 L'histoire du criminel au masque de femme avait été racontée dans la presse régionale. Ayant hérité d'une petite maison et de quelques ares de terrain boisé en Martinique, Patrick avait quitté la métropole, il y a environ trois ans. La chance semblait lui avoir souri quand un riche promoteur s'était intéressé à sa propriété 25 pour y aménager un village de vacances luxueux. Mais il n'avait pas compté sur la résistance du maire, M. Levert, des habitants de Morne-Vert et des protecteurs de la nature. Quand il avait compris que ses projets n'allaient pas pouvoir être réalisés, il avait commencé à les terroriser. Anne avait elle aussi été sa victime, il avait décidé de 30 séduire la fille pour se venger de son père qui avait tout de suite

---

2 **déconcerter** verwirren, sich abhalten lassen – 7 **prendre la fuite** partir très vite pour éviter un danger – 9 **trembler de tous ses membres** trembler de partout – 15 **une déposition** dire à la police de façon officielle tout ce qu'on sait – 15 **accuser qn** dire que qn a fait qc de mal – 15 **être arrêté, e** être *capturé* (festgenommen) par la police – 19 **un chagrin d'amour** le fait d'être triste parce que qn que vous aimez ne vous aime pas – 21 **hériter** recevoir les biens de qn après qu'il soit mort – 22 **une are** Ar – 22 **un terrain** Grundstück – 22 **boisé, e** où il y a une forêt – 23 **la chance sourit à qn** qn a de la chance – 24 **un promoteur** une personne qui vend et achète des terrains et des maisons – 29 **une victime** ≠ un criminel – 30 **séduire** verführen – 30 **se venger** sich rächen

été contre son projet immobilier. De plus, il jouait au casino, il avait beaucoup de dettes de jeu et il avait détourné de l'argent à la banque où il travaillait. Il avait donc perdu son emploi. Toutes ces affaires l'avaient complètement ruiné… Impossible pour lui, qui aimait vivre comme un grand seigneur, de nourrir un bébé et une jeune Créole.

Quelques jours plus tard, après le travail, Anne regarde tristement un colibri en train de boire. Les larmes lui montent aux yeux. Patrick…

– C'est la vie, oublie-le, ce sale type, dit tout à coup une voix derrière elle.

Félix, l'ami fidèle la prend dans ses bras. Il est là pour la consoler.

La vie va reprendre, comme avant, avec les plongées et les déjeuners au théâtre.

2 **une dette de jeu** de l'argent que l'on a perdu en jouant et que l'on doit *rembourser* (zurückzahlen) –
2 **détourner de l'argent** voler de l'argent de telle façon que personne ne le voit – 3 **un emploi** un travail – 4 **ruiner** faire perdre tout ce que l'on a – 5 **vivre comme un grand seigneur** vivre dans le luxe –
5 **nourrir qn** *ici:* donner à qn tout ce dont il a besoin – 12 **consoler qn** aider qn à ne plus être triste –
13 **reprendre** recommencer

## Activités

### Avant l'écoute ou la lecture

Faites des groupes en classe. Chaque groupe va faire des recherches sur Internet sur la Martinique et va présenter les résultats à la classe.
Points importants :
- la situation politique
- la situation géographique
- la faune et la flore
- les peuples et les langues
- l'histoire
- l'éruption du Mont Pelé

### Après l'écoute ou la lecture

#### Chapitre 1

**1** Présentez de la façon la plus détaillée possible le caractère d'Anne et Félix

**2** Écoutez le texte et cochez la bonne réponse.

**1** Que s'est-il passé le 8 mai 1902 ?

a Un tremblement de terre a frappé Paris. ☐
b Une éruption volcanique frappe la Martinique. ☐
c Après l'explosion du Mont Pelé, un tsunami ravage la Martinique. ☐
d Un incendie détruit de nombreuses maisons martiniquaises. ☐

**2** Que fait Anne Vernier pour gagner de l'argent ?

a Elle travaille dans un musée volcanologique. ☐
b Elle est prof dans un lycée de Fort-de-France. ☐
c Elle est historienne et fait des recherches sur de vieux journaux. ☐
d Elle organise des voyages vers la France métropolitaine. ☐

**3** Comment Simone, la voisine d'Anne est-elle morte ?

a Elle a eu peur à cause d'un serpent et a fait une crise cardiaque. ☐
b Un fou l'a tué d'un coup de lance. ☐
c Elle était très vieille. Elle est morte de vieillesse. ☐
d Elle a été mordue par un serpent venimeux. ☐

1-2

**3** Écoutez le texte et répondez aux questions.

1. Pour quelle raison la famille d'Anne est-elle venue à la Martinique ?

2. Où vivent les « lances de fer » de nos jours à la Martinique ?

3. Quelle est la réaction de Félix lorsqu'Anne dit qu'elle s'inquiète à cause des serpents ?

4. Quels ont les intérêts communs d'Anne et de Félix ?

**4** Trouvez-vous que les soucis d'Anne à propos des serpents soient justifiés ? Comment trouveriez-vous qu'un ami ne vous prenne pas au sérieux après lui avoir dit que vous étiez inquiet ?

## Chapitre 2

3-4

**1** Écoutez le texte et cochez la bonne case. Si c'est faux, donnez la bonne réponse.

|  | vrai | faux |
|---|---|---|
| 1. Tous les bateaux dans le port de Saint-Pierre ont été détruits par l'éruption de 1902. | ☐ | ☐ |
| 2. Il n'y a plus d'épaves sous la mer. Elles ont toutes été détruites par les coraux. | ☐ | ☐ |
| 3. Le téléphone portable d'Anne est moins bien que celui de Félix. | ☐ | ☐ |
| 4. Pendant qu'elle plongeait, Anne a vu des dauphins. | ☐ | ☐ |
| 5. Anne et Félix ont trouvé sous l'eau un authentique trésor de pirate. Ils sont riches ! | ☐ | ☐ |
| 6. Anne a trouvé une femme morte dans l'eau. | ☐ | ☐ |
| 7. La police ne prend pas au sérieux ce que Félix et Anne racontent. | ☐ | ☐ |
| 8. Après leur plongée, Anne et Félix vont danser le zouk. | ☐ | ☐ |

**2** Anagramme. Classez les lettres dans le bon ordre.

1. Anne a eu peur sous l'eau car elle a cru voir un _____
   INRQEU

**2.** Pour faire de la plongée, il faut porter une _____
BIASNOIONMC

**3.** Si l'on bouge trop sur un petit bateau, il peut _____
ARIREVCH

**4.** Sur l'océan, on peut être attaqué par des _____
SERAIPT

**5.** Quand quelqu'un disparaît, il faut faire des _____
CESHRREEH

**6.** Pour aller vite sur l'eau, la police utilise des _____
SDETVETE

**3** Écoutez le texte et répondez aux questions suivantes.        3-4

**1.** Pourquoi Anne a-t-elle oublié son portable ?

**2.** Quelle est la réaction d'Anne pendant la plongée lorsqu'elle voit toutes les beautés de la mer ?

**3.** Pourquoi Anne est-elle indignée après la plongée ?

**4.** Quand Anne raconte à Félix qu'elle a vu cette femme dans l'eau, que décide-t-il de faire ?

## Chapitre 3

**1** Sujet de réflexion.

> 1. Les deux dames qui discutent dans le bus sont contentes que l'on ne trouve presque plus de « lance de fer » sur l'île, mais elles disent en même temps vouloir protéger la nature. Selon vous, faut-il aussi protéger les espèces dangereuses ?

> 2. Comment trouvez-vous le comportement d'Anne la première fois qu'elle rencontre Patrick ? Est-ce que vous feriez tout de suite confiance à quelqu'un parce que vous le trouvez beau ?

> 3. Anne vient d'apprendre que son père a été victime d'un crime. Si elle était votre amie, que diriez-vous pour essayer de la consoler ?

**2** Écoutez le texte et cochez la bonne réponse.

**1.** Pourquoi les deux femmes du bus ont-elles signé une pétition ?

   a. L'extermination de toutes les lances de fer. ☐
   b. Pour aider à la construction d'un hôtel, ce qui est bon pour l'économie. ☐
   c. Contre la construction d'un hôtel qui est mauvais pour l'environnement. ☐
   d. Pour faire partir le docteur Vernier en Suisse. ☐

**2.** Quand elle arrive chez elle, Anne trouve la maison vide. Où est sa mère ?

   a. Elle a été kidnappée. ☐
   b. Elle est à l'hôpital avec le père d'Anne. ☐
   c. Elle est allée acheter des tomates en ville. ☐
   d. Elle est allée téléphoner chez Patrick. Le téléphone est en panne. ☐

**3.** Quand Anne dit à sa mère qu'elle a vu le visage d'une femme qui ressemblait à celle qui a attaqué son père, sa mère lui conseille de :

   a. tout dire à la police. Ça pourra peut-être faire avancer l'enquête. ☐
   b. tout dire à une voyante. La femme est sûrement un fantôme qui veut parler à Anne. ☐
   c. ne rien dire à personne. La femme pourrait essayer de se venger. ☐
   d. prendre rendez-vous avec un docteur. Elle a sûrement des hallucinations. ☐

**3** Trouvez dans le texte le contraire des mots suivants.

**1.** embarquer ≠ _____

**2.** un continent ≠ _____

**3.** un homme ≠ _____

**5.** mort, e ≠ _____

**6.** une sortie ≠ _____

**7.** lentement ≠ _____

**8.** protéger ≠ _____

**9.** laid, e ≠ _____

**10.** se lever ≠ _____

## Chapitre 4

**1** Écoutez le texte et cochez la bonne réponse.

**1.** Quelle est la réaction d'Anne lorsque Félix l'appelle pour prendre des nouvelles de son père ?

   a. Elle le remercie de son appel et lui dit que son père va mieux. ☐

   b. Elle se met à pleurer au téléphone. L'agression l'a beaucoup touchée. ☐

   c. Elle lui dit qu'il va mieux puis elle raconte sa journée à Félix. ☐

   d. Elle est énervée et lui dit qu'elle n'est pas d'humeur à discuter avec lui. ☐

**2.** La cathédrale qui se trouve à Saint-Pierre est

   a. le seul bâtiment qui a survécu à l'éruption volcanique. ☐

   b. est une copie complète de la cathédrale originale. ☐

   c. une reconstruction faite avec les ruines de la cathédrale détruite. ☐

   d. une structure ultramoderne en acier et verre dépoli. ☐

**3.** Pourquoi Saint-Pierre n'a-t-elle pas été évacuée avant l'éruption ?

   a. On voulait éviter une panique en période d'élection. ☐

   b. L'éruption s'est passée trop vite pour que l'on puisse réagir. ☐

   c. Saint-Pierre est sur une île, il n'y avait nulle part où aller. ☐

   d. Les habitants ont refusé de partir. ☐

**2** Un touriste méprisant donne une mauvaise image de son pays. Élaborez avec un camarade de classe une charte expliquant les dix règles à suivre pour être un « bon » touriste. Comparez les résultats avec les autres groupes de votre classe.

**3** Écoutez le texte et répondez aux questions.

**1.** Pourquoi est-ce qu'Anne ne peut pas encore appeler son père aujourd'hui ?

**2.** Pourquoi Anne panique-t-elle au musée ?

**3.** Qu'est-ce que Félix a apporté pour le déjeuner ?

**4.** Où Félix veut-il emmener Anne pour le déjeuner ?

**4** Les deux touristes qui visitent le musée où travaille Anne ne donnent pas vraiment l'impression de s'intéresser à la Martinique. Ils ne veulent que rester à l'hôtel. Allez sur le site de l'office de tourisme de Fort-de-France (http://www.tourismefdf.com) et préparez en groupe un circuit touristique qui vous fera vraiment découvrir l'île.

**5** Félix semble avoir été troublé par sa rencontre avec Patrick. Il donne l'air d'être jaloux. Comment auriez-vous réagi à sa place ?

## Chapitre 6

**9-10**

**1** Écoutez le texte et cochez la bonne case. Si c'est faux, donnez la bonne réponse.

| | vrai | faux |
|---|:---:|:---:|
| **1.** Si Anne aime Patrick, c'est avant tout pour sa personnalité. | ☐ | ☐ |
| **2.** Anne a une crise de panique car elle a entendu un cri étrange au musée. | ☐ | ☐ |
| **3.** Quand Anne s'aperçoit que Félix a une petite amie, elle ressent de la jalousie. | ☐ | ☐ |
| **4.** Patrick ne trouve rien de bizarre lorsqu'il va voir derrière le musée. | ☐ | ☐ |
| **5.** L'ambulance qu'Anne aperçoit va chercher une victime des « lances de fer ». | ☐ | ☐ |
| **6.** Le père d'Anne et le docteur Levert ont été attaqués à l'hôpital. | ☐ | ☐ |
| **7.** Le docteur Levert est un spécialiste en cardiologie. | ☐ | ☐ |
| **8.** Patrick semble être énervé par l'obsession d'Anne pour la femme mystérieuse. | ☐ | ☐ |

**9-10**

**2** Écoutez le texte et répondez aux questions.

**1.** Pourquoi Patrick est-il venu rendre visite à Anne au musée ?

**2.** Selon Anne, qu'est-ce qui aurait pu faire du bruit derrière le musée ?

**3.** Quelle est la description que fait la police de l'agresseur du docteur Levert ?

**4.** Qui semble être la victime de l'accident de voiture que voit Anne ?

**3** Complétez le résumé du chapitre avec le vocabulaire ci-dessous.

mystérieuse • musée • entendu • danser • portable • touriste • porte •
heureuse • prenne • travailler • gratte • homme • étrange • folle • trouve
• inquiète • Patrick • proposer • relation (x2) • jaloux • cri • folle •
appeler • trouver • explique • tour • voir • voiture • mystérieuse • radio

Bien qu'elle soit _____ du fait que Félix puisse être _____ de sa

_____ avec Patrick, Anne est _____ d'avoir une _____ avec

un _____ aussi beau. Elle est en train de _____ au _____

quand tout à coup, elle entend un _____ très _____ qui l'effraie.

Elle veut _____ à l'aide avec son _____, mais elle ne peut pas le

_____. C'est à cet instant que quelque chose _____ à

la _____. Deux _____ entrent alors dans le musée, mais elle

ne veut rien leur _____ car elle a peur qu'on la _____ pour

une _____. Une fois les touristes partis, c'est _____ qui arrive.

Il vient lui _____ d'aller _____, mais elle ne peut pas. Très

inquiète, elle lui _____ ce qu'elle a _____. Il fait le _____ du

musée pour _____ s'il y a quelqu'un, mais il ne _____ personne.

Un peu plus tard, Anne et Patrick vont faire un tour en _____. Là, ils

_____ à la _____ que la femme _____ a attaqué quelqu'un

d'autre.

## Chapitre 7

**1** Écoutez le texte et répondez aux questions.

11

**1.** Pourquoi Anne n'aime-t-elle pas aller dans son jardin ?

**2.** Que pense Félix de la relation qu'ont Anne et Patrick ?

**3.** Il y a eu un drame à Fort-de-France. Lequel ?

**4.** Pourquoi Anne devient-elle nerveuse en apercevant une affiche ?

**2** Écoutez le texte et cochez la bonne réponse

**1.** Quand Félix vient proposer à Anne d'aller faire de la plongée, elle

    a. refuse. C'est ennuyeux la plongée. ☐
    b. accepte tout de suite. Elle meurt d'envie d'être avec Félix. ☐
    c. dit non, parce qu'elle est jalouse. ☐
    d. ne répond rien. Elle n'est pas sûre de son programme pour
       la journée. ☐

**2.** Anne pense que la construction d'un village de vacances sur l'île est

    a. une bonne chose pour l'économie de l'île. ☐
    b. un drame. Il faudrait raser une partie de la forêt vierge. ☐
    c. plutôt positive. Avec un peu de chance, les touristes
       apporteront de l'animation. ☐
    d. fantastique. On va couper des arbres et elle déteste les arbres. ☐

**3.** Que fait-on à la fin du carnaval ?

    a. On célèbre un mariage de masse. Cent personnes à la fois. ☐
    b. On se déguise en diable. ☐
    c. Un grand spectacle avec des poupées et des ventriloques. ☐
    d. On brûle "Sa majesté" qui est une grande poupée. ☐

**3** Il y a onze mots cachés dans cette grille. Trouvez-les

| V | I | G | C | H | E | S | S | O | R | A | C | V | F | T |
|---|---|---|---|---|---|---|---|---|---|---|---|---|---|---|
| P | H | O | P | I | T | A | L | A | D | N | X | B | U | Z |
| L | C | W | S | A | S | X | C | V | B | H | M | P | R | H |
| O | E | S | O | U | R | I | R | E | H | E | A | A | I | G |
| N | T | D | S | D | X | H | J | N | M | I | R | Y | E | N |
| G | B | O | N | H | E | U | R | B | L | V | F | S | U | I |
| E | Q | R | R | T | Z | M | O | L | W | K | U | A | S | D |
| E | Y | G | H | I | U | O | E | P | Q | R | Z | G | E | R |
| F | F | O | U | R | G | O | N | D | D | S | F | E | T | A |
| D | T | E | L | O | I | R | B | A | C | B | V | Y | X | J |

## Chapitre 8

**1** Écoutez le texte et cochez la bonne case. Si c'est faux, donnez la bonne réponse. 12-13

vrai  faux

1. La zone industrielle de Lamentin se trouve sur l'une des nombreuses plaines de l'île. ☐ ☐

2. Anne voit deux policiers arrêter des jeunes et les emmener en prison. ☐ ☐

3. « Chez Joséphine » est le meilleur restaurant de l'île. ☐ ☐

4. Le sucre est produit en partie grâce à l'évaporation du jus de canne. ☐ ☐

5. La surprise de Patrick est un pique-nique et une demande en mariage. ☐ ☐

6. Le diamant dont parle Patrick est un reste de formation volcanique. ☐ ☐

7. Anne n'est pas très intéressée par l'histoire de l'île. En fait, ça l'ennuie beaucoup. ☐ ☐

8. C'est par la ruse que les Français ont pris la forteresse du diamant en 1805. ☐ ☐

**2** Trouvez dans le texte les mots qui correspondent aux définitions suivantes.

1. C'est un type de zone où l'on trouve beaucoup d'usines.

2. Ce sont les gens qui s'assurent que la loi est respectée.

3. C'est une boisson très rafraîchissante et très typique.

4. C'est ce qui reste d'un bâtiment après qu'il ait été abandonné depuis longtemps.

5. C'est un grand récipient dans lequel on fait chauffer le jus de canne.

6. C'est ce qu'est devenu Napoléon après avoir été couronné.

**3** Sujet de réflexion.

**1.** a. Il semble y avoir une grande différence d'âge entre Anne et Patrick. Si vous aviez été à sa place, comment auriez-vous réagi si Patrick avait commencé à évoquer l'idée d'un mariage ?

    b. Trouvez-vous la façon dont réagissent les parents d'Anne à sa relation avec Patrick appropriée ou non ? Pourquoi ?

**2.** a. Anne pense, en voyant les deux jeunes hommes qui sont contrôlés par la police, qu'ils n'inspirent pas confiance. Imaginez les éléments (vêtements, apparence, attitude, circonstance…) qui poussent Anne à faire un tel jugement.

    b. Anne n'a pas envie qu'on lui raconte l'histoire de l'île et elle le dit à Patrick. Trouvez-vous qu'elle le fasse de façon appropriée ? Justifiez votre réponse. Comment auriez-vous agi à sa place ?

## Chapitre 9

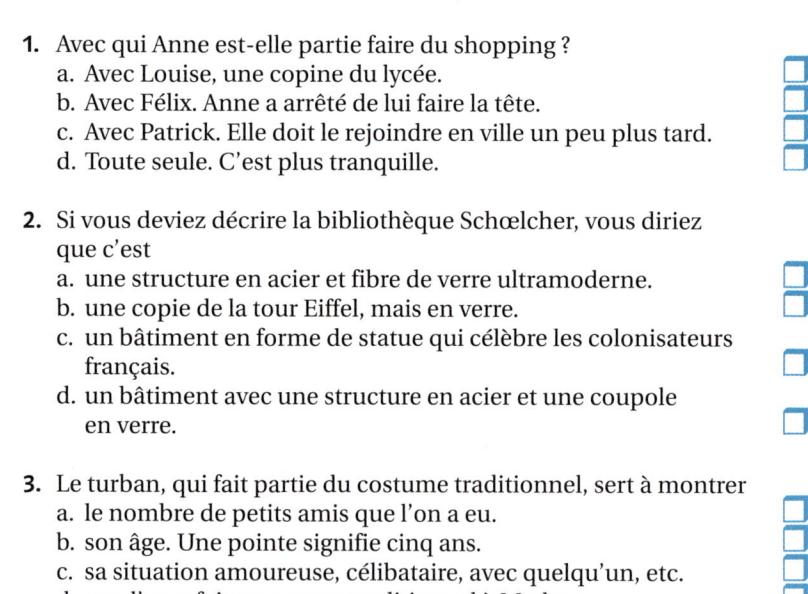

**14** **1** Écoutez le texte et cochez la bonne réponse.

**1.** Avec qui Anne est-elle partie faire du shopping ?
a. Avec Louise, une copine du lycée. ☐
b. Avec Félix. Anne a arrêté de lui faire la tête. ☐
c. Avec Patrick. Elle doit le rejoindre en ville un peu plus tard. ☐
d. Toute seule. C'est plus tranquille. ☐

**2.** Si vous deviez décrire la bibliothèque Schœlcher, vous diriez que c'est
a. une structure en acier et fibre de verre ultramoderne. ☐
b. une copie de la tour Eiffel, mais en verre. ☐
c. un bâtiment en forme de statue qui célèbre les colonisateurs français. ☐
d. un bâtiment avec une structure en acier et une coupole en verre. ☐

**3.** Le turban, qui fait partie du costume traditionnel, sert à montrer
a. le nombre de petits amis que l'on a eu. ☐
b. son âge. Une pointe signifie cinq ans. ☐
c. sa situation amoureuse, célibataire, avec quelqu'un, etc. ☐
d. que l'on a fait un voyage traditionnel à Madras. ☐

**2** Écoutez le texte et répondez aux questions.

**1.** Qui était Victor Schœlcher et qu'a-t-il fait pour que l'on se souvienne encore de lui ?

**2.** Pourquoi les bijoux étaient-ils si importants pour les esclaves ?

**3.** Pourquoi reste-t-il peu de monuments historiques à Fort-de-France ?

**3** Où en sommes-nous ? Classez les cases dans l'ordre chronologique et découvrez le mot caché.

**I**
Anne commence à entendre des bruits étranges

**E**
Anne apprend que la femme mystérieuse a agressé d'autres personnes.

**A**
Depuis peu, plusieurs personnes on été attaquées par des serpents.

**Q**
Félix, un ami d'Anne devient jaloux de Patrick.

**M**
Anne est une lycéenne qui vit à la Martinique.

**R**
Pendant une plongée, Anne pense voir un visage de femme sous l'eau.

**N**
Anne apprend que son père a été attaqué par une femme étrange.

**U**
Anne découvre que Félix a une copine.

**I**
Anne tombe amoureuse de Patrick.

**T**
Anne fait la rencontre de Patrick, un employé de banque.

| 1 | 2 | 3 | 4 | 5 | 6 | 7 | 8 | 9 | 10 |
|---|---|---|---|---|---|---|---|---|----|
|   |   |   |   |   |   |   |   |   |    |

## Chapitre 10

15 **1** Écoutez le texte et cochez la bonne réponse.

1. Quand Anne aperçoit Patrick à Fort-de-France, elle est
   a. très contente de le voir, il est si beau. ☐
   b. choquée, il est agressif et malpoli. ☐
   c. contente qu'il soit à l'heure. Ils avaient un rendez-vous. ☐
   d. ennuyée. Elle ne veut pas que Louise le voit. ☐

2. La femme mystérieuse était
   a. Patrick avec un masque. ☐
   b. le fantôme d'une esclave. ☐
   c. une vielle femme qui attaquait les gens au hasard. ☐
   d. la propriétaire de la boutique de bijoux qui n'aime pas les
   touristes. ☐

3. Patrick a attaqué le père d'Anne parce qu'il
   a. s'était moqué de sa profession d'employé de banque. ☐
   b. était un obstacle à son amour pour Anne. ☐
   c. tuait les « lances de fer » qui sont une espèce protégée. ☐
   d. ne voulait pas le laisser construire un hôtel de luxe. ☐

15 **2** Écoutez le texte et cochez la bonne case. Si c'est faux, donnez la bonne
réponse.

|  | vrai | faux |
|---|---|---|
| 1. Patrick a menti à Anne. Il est avec elle uniquement pour mener son plan à bien. | ☐ | ☐ |
| 2. Dans la remise, Anne et Louise trouvent des masques et des « lances de fer ». | ☐ | ☐ |
| 3. Patrick ne voulait pas commettre ces crimes. Sa femme l'a forcé. | ☐ | ☐ |
| 4. Patrick a été arrêté à l'aéroport. Il allait partir pour la métropole. | ☐ | ☐ |
| 5. Dès qu'Anne dit ce qu'il s'est passé, toute sa famille fait une déposition contre Patrick. | ☐ | ☐ |
| 6. Patrick était au chômage depuis qu'il avait volé de l'argent à sa banque. | ☐ | ☐ |
| 7. Sa déception avec Patrick a été le premier chagrin d'amour d'Anne. | ☐ | ☐ |
| 8. Après toute cette histoire, Anne se décide à prendre Félix comme petit ami. | ☐ | ☐ |

**3** Maintenant, vous savez tout des personnages. Décrivez du mieux que vous le pouvez Anne, Patrick et Félix. Attardez-vous surtout sur leurs personnalités.

**4.** Patrick restera-t-il en prison ? Félix réussira-t-il à sortir avec Anne ? Imaginez une suite à l'histoire.

Der komplette Hörtext ist kostenlos online verfügbar.

Klett Online-Link
## 7i8f8k

Abspielbar …
– online
– auf MP3-Player
– von Audio-CD*

Neben der Audio-Datei finden Sie dort auch die komplette Trackliste mit den Verweisen auf die Kapitel, die Seiten im Buch sowie die Abspieldauer der einzelnen Tracks.

\* Die MP3-Dateien dürfen für den persönlichen Gebrauch konvertiert und auf Audio-CD gebrannt werden.

# Recette de la région

### Flan grillé à la noix de coco

**Ingrédients pour 4 personnes :**

- 4 c. à soupe de sucre roux
- 40 cl de lait de coco
- 4 jaunes d'œufs
- 3 c. à soupe de noix de coco râpée

**Préparation :**

1. Faites chauffer doucement le lait de coco.

2. Fouettez les jaunes d'œufs avec le sucre roux et 2 cuillères à soupe de noix de coco râpée.

3. Versez le lait de coco chaud sur les œufs battus.

4. Répartissez la préparation dans des petits plats à crème brûlée.

5. Faites cuire dans le four, thermostat 5-6 (160°) pendant 30 mn.

6. Lorsque les flans sont cuits, laissez-les refroidir.

7. Placez-les au réfrigérateur, couverts d'un film alimentaire.

8. Au moment de servir, poudrez la surface des petits flans d'un mélange de noix de coco râpée et de sucre roux.

9. Passez-les 2 mn sous le gril du four.

# La Martinique

# Liste des abréviations

| | | | |
|---|---|---|---|
| ≠ | le contraire de | jdm | jemandem |
| → | mot de la même famille | jdn | jemanden |
| *adv* | adverbe | *m* | masculin |
| etw | etwas | *mpl* | masculin pluriel |
| *f* | féminin | qc | quelque chose |
| *fam* | familier | qn | quelqu'un |
| *fig* | figué | *subj* | subjonctif |
| *fpl* | féminin pluriel | *subst* | substantif |
| *indic* | indicatif | | |

# Crédits photographiques

**8** Picture-Alliance (dpa), Frankfurt; **11** Corbis (SA Team/Foto Natura/Minden Pictures), Düsseldorf; **12** iStockphoto (Jacqui Paterson), Calgary, Alberta; **14** laif (Jean-Daniel Sudres/hemis. fr), Köln; **15** shutterstock (Sigurcamp), New York, NY; **17** Fotolia.com (Vilainecrevette), New York; **18** Fotolia.com (Clément St Rose), New York; **22** iStockphoto (Duncan Walker), Calgary, Alberta; **22** iStockphoto (Duncan189), Calgary, Alberta; **25** Fotolia.com (iMAGINE), New York; **26** Wikimedia Deutschland (Jmp48), Berlin; **28** Fotolia.com (Fabien R.C.), New York; **31** shutterstock (Pack-Shot), New York, NY; **35** shutterstock (Sigurcamp), New York, NY; **38** Fotolia.com (Marc Cecchetti), New York; **40** Fotolia.com (Mimon), New York; **41** akg-images (Hervé Champollion), Berlin; **42** CC-BY-SA-3.0 (Riba, cc-by-sa 3.0), siehe *3; **45** Fotolia.com (Chantal Cecchetti), New York; **51** Fotolia.com (PackShot), New York; **52** Fotolia.com (Julie Favreau), New York; **53** shutterstock (Pack-Shot), New York, NY; **54** Fotolia.com (Unclesam), New York; **57** Ullstein Bild GmbH (Jüschke), Berlin; **58** laif (Jean-Marc LECERF/HOA-QUI), Köln; **59** laif (Toma Babovic), Köln; **60** Fotolia.com (margouillat photo), New York; **63.1** JupiterImages photos.com, Tucson, AZ; **63.2** iStockphoto (Stocksnapper), Calgary, Alberta; **65.1** Fotolia. com (PackShot), New York; **65.2** Fotolia.com (PackShot), New York; **66** Fotolia.com (Bertrand Tern.s), New York; **67** Fotolia.com (Sonia Chatelain), New York; **69** Fotolia.com (Julie Favreau), New York; **72** laif (Gil Giuglio/Hemispheres Image), Köln; **73** Fotolia.com (Sonia Chatelain), New York; **74** dreamstime.com (Ramunas Bruzas), Brentwood, TN; **75** Fotolia.com (Fabien R.C.), New York; **80** Fotolia.com (Kwisty), New York; **94** Fotolia.com (FOOD-micro), New York; **95** Geoatlas, Hendaye

*3 Lizenzbestimmungen zu CC-BY-SA-3.0 siehe: http://creativecommons.org/licenses/by-sa/3.0/de/